新/闻/传/播/学/丛/书
主编 李珮

大众传媒对城乡统筹发展的作用研究

廖宇翃/著

中国传媒大学出版社
·北京·

编委会

主　任：李希光　欧阳宏生
编　委：李希光　欧阳宏生　李　珮　罗小萍
　　　　　李　韧　蒙晓阳　贺　艳　王　炬
　　　　　陈笑春　裴永刚　屈永刚　赵文丹
主　编：李　珮
副主编：李　韧　罗小萍

总 序

西南政法大学新闻传播学院是重庆市第一所经教育部正式批准建设的新闻学院，筹建于1994年，1995年开始面向全国招生。

学院在办学之初提出了"主新辅法"的培养模式，形成新闻学和法学相结合的独特学科交叉优势，并整合了法学、哲学、文学、管理学等学科资源，形成"媒介视野、法律正义、社会责任"三者并重的办学特色。

学院2010年更名为"全球新闻与传播学院"，这是学院保持发展法制新闻特色办学15年之后的一次理性拓展，力求充分整合国际国内优势资源，培养具有全球视野的新闻与传播人才。

2015年是学院成立二十周年，为总结我院办学经验，醇化学术氛围，提升学术影响力，从2014年起，我院陆续向社会呈献西南政法大学"新闻传播学系列丛书"。

第一套丛书共11部作品，已经于2014年5月由法律出版社出版。这11部作品分别为：《新闻侵害人格权研究》（蒙晓阳教授著）、《中国电视娱乐文化批评》（李林容教授著）、《法律的电视虚构生产——中国当代法律题材电视剧研究》（陈笑春教授著）、《1903年：上海苏报案与清末司法转型》（蔡斐副教授著）、《中国出版物版权输出竞争策略研究》（裴永刚副教授著）、《媒体是信任危机的帮凶吗？》（郭晓科副教授著）、《关于"家"的想象与叙述：20世纪90年代以来家庭伦理电视剧的叙事文化研究》（贺艳副教授著）、《三峡工程纪实影像传播史》（郑微波副教授著）、《重庆都市报发展史》（赵文丹副教授著）、《关注热点：特定议题新闻报道研究》（陈丽丹副教授著）、《地理影响与文化表征——重庆电视纪录片研究》（周松博士著）。

这11部作品分别代表了我院教师，尤其是青年教师在新闻与法治研究、国际新闻研究、影视与新媒体研究、政治传播研究等四个研究方向的代表性成果，也是我院新生代学术实力的一次整体亮相。

即将面世的这套丛书共15本，是我院面向社会推出的第二套丛书。该套丛书的作者主要以我院的青年博士为主，也是我院青年教师在新闻与法治研究、国际新闻研究、影视与新媒体研究、政治传播研究等四个研究方向所取得的最新成果。

李珮教授等所著的《网络环境下突发事件传播与管理研究》，旨在通过对我国网络环境下突发事件案例的剖解、反思，以及引入政治经济学、社会心理学等学科的研究方法，从系统论视角出发，勾勒突发事件在网络环境下的"异化"以及不同诉求传播主体间的博弈、妥协与共谋。根据网络环境下突发性事件发展的新形势，提出"网络舆情事件"的概念，并据此指出相应管理制度的缺失和法制建设的盲区。在此基础上，深度思辨突发事件中政府应急管理陷入的误区，并尝试在"中国特色"框架之下给出网络环境下加强突发事件管理的对策与建议。

陈笑春教授所著的《影视作品里的中国法治》，主要以法治题材的电影电视作品探讨了虚构的影视作品对于现实法治进程的再现及其社会语境。该书以法治题材影视作品发展的滥觞、发轫、兴起、多元和转型这五个时期为分野，每一个部分中选取了具有典型意义的影视作品进行具体分析。影视作品对个体生活的再现，令法治领域与其他社会领域之间的关系在微观故事中变得具体而多样，诠释了法治内涵的现实性和丰富性。

贺艳副教授所著的《媒介表征与城市形象：以重庆为例》以重庆为研究个案，从较为宽泛的媒介界定出发，试图探讨以下问题：在文学作品、报纸、电视、电影、网络等多种媒介所传播的内容之中，重庆呈现为怎样的形象？重庆的这些形象又是怎样被建构的？媒介所呈现的重庆形象还存在着哪些问题？

蔡斐副教授所著的《戈公振新闻思想研究》，以中国新闻传播史奠基人戈公振先生为研究对象，以历史的眼光和翔实的史料剖析了戈公振新闻本位、新闻法制、新闻教育、自由主义、新闻编辑、媒体经管等新闻思想的各个维度，全面展示了戈公振新闻思想的丰富内涵和时代特征。

谷李副教授所著的 *Post-socialist Intellectual Constellations*：*Four Essays*，提出文学、电影文本和文化经济政策及其讨论、批评作为知识分子聚集并集中表达和建构自身与世界关系的场域。通过对 20 世纪 80 年代初到 21 世纪初的个案分析，该书勾勒出一种可称之为后社会主义情感结构的现象的一些侧面。

杨婷副教授所著的 *Effects of SNS Uses on International Students' Socialization*：*Focusing on Chinese Students in Republic of Korea*，研究了在韩中国留学生的社会化状况。分成两个阶段，第一阶段为定量研究阶段，通过自填式问卷调查，对社会化结果（包括学习动机、社会融入程度等六个变量）以及社交媒体的使用对于各个变量产生的影响进行了调查；在第二个阶段，运用深层访问法，分三个阶段（期盼阶段、遭遇阶段、习得与改变阶段）对被访者的社会化状况进行了分析。

刘娟副教授所著的《疫病防治与健康传播：重庆的天花灭绝实践（1891—1952）》，在挖掘大量民国时期原始材料的基础上，从阶级基础、社会组织、文化建构及行为模式等方面，以 19 世纪以来天花防治为背景，截取重庆开埠直至宣告天花灭绝为时间切片（1891—1952），描述牛痘接种的信息从传播到扩散，最终改变民众防疫行为的过程。本研究的价值在于以历史的视角拓展了"创新扩散理论"在健康传播中的运用，认为阶级基础是重庆乃至全国在解放后后迅速扑灭以天花为代表的烈性传染病的重要原因，以期为当下疫病防控提供本土经验。

屈永刚博士所著的《儒家政治正当性观念发展研究——从孔子到董仲舒》，以西汉初期及之前儒家政治正当性观念为研究对象，以孔、孟、荀正当性观念为基点，上溯殷周时期，下及西汉初期（以董仲舒为代表），对西汉初期及以前儒家政治正当性观念的渊源和发展作出了系统的梳理。

赵莹博士所著的《我国民间商事借贷立法研究》，基于民间借贷的商法属性探讨其立法体系的构建，认为在我国应建立规范民间商事借贷的统一立法。

刘大明博士所著的《宋代新闻传播与政治文化研究》，主要介绍了宋代在新闻传播、政治文化等诸领域获得的前所未有的发展，重点阐述了宋代邸报的新闻活动、宋代出版传播活动和宋代文人谈兵论战及期兵学繁荣等系列议题。

申可君博士所著的《城市社区居民参与机制研究》，试图通过分析居民参与要素的新特点，构建一套有效促进居民参与社区建设的六个二级参与机制，并剖析该机制的形成、分类及其影响因素。同时，提出推动居民参与机制运行的保障条件，以期能助力基层政府摆脱长久以来居民参与不足的困境。

廖宇翃博士所著的《大众传媒对城乡统筹发展的作用研究》从经济学、管理学和传播学相结合的新角度研究了城乡二元结构和城乡统筹发展的问题，通过实证研究发现了知识和信息在城乡之间的不均衡分布是城乡差异的基本原因，提出了缩小城乡差异的新途径是改变知识和信息在城乡之间的供需失衡状态。

刘必华博士所著的《转型社会中的大众传媒与公共利益》提出当代中国社会转型的复杂性与矛盾冲突的尖锐性，要求建立以公共利益为基本取向的传媒体系。该书从体制、话语与实践三个层面考察了中国传媒服务于公共利益的表现，并从传媒治理、职业道德和受众参与等方面提出了建议。

任正安讲师所著的《走出现代的尴尬——边缘民族传统文化与现代传播的土家族样本》观察了在新传播环境下西部少数民族地区社会沟通与媒介使用的现状与变迁，将文化传播和媒介教育相结合，以少数民族媒介素养教育为出发点，探讨如何更好地在少数民族集中的西南地区提升媒介教育，进而提高其媒介素养，传播本民族文化，以对传受双方及其与社会文化环境的多元互动的高度重视，来探索传播效果的有效提升。

徐金讲师所著的《解码与编码——广告创意实务》旨在运用符号学和结构学视角对经典广告进行分解，寻找出独特可行的广告创作思路，总结出广告思维及创作规律，并通过广告创作实例展示广告创意及创作方法的运用。

这套丛书集中体现了西南政法大学新闻传播学的传承和创新，也是我院新生代学术实力的再一次整体亮相。

甲戌年间建经纬，荏苒岁月二十载。

日钟两江之灵秀，月沐法府之鸿光。

法治新闻创特色，全球视野开新章。

心系天下得清誉，五湖九州望徜徉。

我们真诚地期待着学术界对我院新闻传播学系列丛书提出宝贵的意见和建议。

是为序。

李珮

二〇一五年十二月毓秀园

前　言

城乡二元结构是发展中国家面临的共性问题，也是中国社会未来面临的主要矛盾之一。从现有的国内外文献来看，很少有从知识和信息在城乡之间分布不均衡的角度研究城乡统筹发展的文献，也很少有从经济学和传播学相结合的角度来研究的文献。

本书提出了城乡二元结构的本质之一是知识和信息在城乡中的二元分布的新论点，论述了知识和信息是城乡发展条件中最主要的条件。本书从经济学、管理学与传播学相结合的角度，着重从以下几个方面开展研究：

1. 收集文献进行理论研究。提出大众传媒是市场信号传播主渠道的观点，知识和信息在城乡之间的不均衡分布是造成城乡发展差异的根本原因之一，缩小城乡差异的新途径是改变知识和信息在城乡之间不均衡的分布和传播。应当重视和研究知识与信息在城乡之间的供需均衡。

2. 本书认为大众传媒是市场信号传播的主渠道。大众传媒还具有教育培训、知识传承、政策导向、广告、监督与维权、求职等功能。通过分析大众传媒在城乡之间分布和传播的巨大差异，揭示了市场信号在城乡之间不均衡传播的后果、影响及其他原因，初步探讨了市场信号的传播规律。

3. 开展问卷调查收集数据，建立多元回归验证大众传媒与收入差别和劳动生产率之间的关系。本书通过对全国统筹城乡发展试验区——重庆九龙坡区和垫江县的农民和农民工进行问卷调查及分析，获得了农民和农民工信息需求的数据。实证分析了城乡收入差别、城乡产业劳动生产率差别与大众传媒在城乡不均衡分布之间的相关性。

4. 最后研究了中国大众传媒的现状特点与发展中存在的问题，以及国外通过大众传媒促进城乡发展的经验与措施，探讨了中国传媒业和全球大众传媒的发展趋势。本书最后得出结论：满足农民和农民工对知识与信息的需求，从而提高农民与农民工的综合素质，引导农村生产要素的流动，引导产业转移和农业生产结构的调整，引导农村消费结构和需求结构的转变，进而提高劳动生产率，增加农民、农民工的收入，促进城乡统筹发展。

本书还对经营性大众传媒产品和公益性大众传媒产品进行了初步界定，这有助于相关部门结合我国实际提出中国大众传媒的改革与发展方向，科学地界定公益性大众传媒事业和经营性大众传媒事业，并制定不同的管理政策。

本书的主要特点是将经济学、管理学和传播学三者结合起来，从交叉学科的角度研究了大众传媒与城乡统筹发展的关系，在一定程度上丰富了大众传媒与社会经济发展关系的研究，探讨了传媒经济学的研究领域和内容，强化了理论深度，对相关理论研究具有一定的参考价值。此外，研究结论可供政府、学界及传媒机构和商界参考，能够为城乡统筹发展提供新的研究思路。但由于作者的知识水平和研究能力限制，本书还有一些不足，欢迎专家和读者批评指正。

在这本书出版之际,笔者对西南政法大学全球新闻与传播学院的领导和同事给予的关怀和帮助表示衷心的感谢!

廖宇翃

目 录

第一章 绪 论
第一节 学术价值和现实意义 ………001
第二节 内容与方法 ………002

第二章 城乡关系的理论和文献综述
第一节 城乡关系的经济学理论和文献综述 ………009
第二节 城乡关系的传播学理论和文献综述 ………014
第三节 城乡关系的"四化同步"理论及相关研究 ………019

第三章 大众传媒与经济社会发展的关系
第一节 大众传媒对经济社会发展的依赖 ………022
第二节 影响大众传媒功能与作用的因素 ………026
第三节 大众传媒对城乡经济社会发展的功能与作用 ………027

第四章 大众传媒在城乡传播的特点和规律
第一节 大众传媒在城乡之间有"源"和"流"的区别 ………032
第二节 人内传播和人际传播的城乡差异 ………035
第三节 城市的组织传播与农村的非组织传播 ………036
第四节 影响城乡大众传播差异和特点的因素及改善途径 ………037

第五章 城乡二元结构的现状
第一节 城乡收入差距及城乡劳动生产率差距现状 ………040
第二节 城乡收入差距与城乡劳动生产率差距的内在联系 ………045
第三节 全国统筹城乡试验区——重庆城乡二元结构的现状与特征 ………046

第六章 大众传媒与农村市场信息传播
第一节 大众传媒是市场信号传播的主渠道 ………055
第二节 大众传媒在城乡之间的非均衡分布和传播 ………057

第七章 大众传媒对城乡统筹发展的功能与作用缺失分析
第一节 大众传媒对城乡统筹发展的功能 ………064
第二节 大众传媒在城乡统筹中的作用 ………067
第三节 大众传媒在城乡发展中的功能缺失 ………069

第八章 农民及农民工对知识和信息的需求调查与分析
第一节 调查样本基本信息 ………071
第二节 农民及农民工对知识和信息的需求分析 ………073
第三节 问卷调查的多元回归分析 ………079
第四节 解决农村信息供需矛盾的基本途径 ………084

第九章　全球传媒产业的发展趋势与大众传媒促进城乡统筹的
　　　　国际经验
　　第一节　全球传媒产业的发展趋势与特点　　　　　　　……089
　　第二节　大众传媒对城乡发展影响的国际借鉴　　　　　……091
第十章　大众传媒在城乡统筹中的发展趋势与改革方向
　　第一节　中国传媒产业的发展特点与基本问题　　　　　……097
　　第二节　大众传媒的改革方向和促进城乡统筹发展的政策建议　……099
　　第三节　加快完善互联网法律体系　　　　　　　　　　……103

结论与展望　　　　　　　　　　　　　　　　　　　　　　……107
参考文献　　　　　　　　　　　　　　　　　　　　　　　……109
附　录　　　　　　　　　　　　　　　　　　　　　　　　……116

第一章 绪 论

第一节 学术价值和现实意义

一、问题的提出

本书以大众传媒与统筹城乡发展的关系为研究对象,以全国统筹城乡发展综合改革试验区重庆为案例。

城乡二元经济结构是世界发展中国家面临的共性问题,也是中国社会未来发展中的主要矛盾之一。自1978年以来,我国经济以年均9.3%的速度增长,改革开放取得了巨大的成就,但是城市居民和农村居民的收入差距日益扩大,城市中的现代产业和农村中的传统产业同时并存的现状并没有得到根本改变。城乡中的二元本质依然存在,农村、农业、农民等"三农"问题日益突出,城乡二元结构成为我国现代化进程中的关键问题。解决这一问题的根本出路是改革创新,统筹城乡发展,消除城乡发展中的二元体制障碍,逐步缩小城市产业和农村产业中的劳动生产率差距,使城市和农村同步现代化,走上城乡协调发展之路。如何统筹城乡发展?如何消除城乡发展中的二元体制障碍?如何缩小城市产业和农村产业中的劳动生产率差距?尽管经济学家们提出了很多理论和主张,但是解决这些问题还没有成功的经验,也没有被实践验证过的完全成熟、科学的理论。这既需要探索,也需要创新。中国的改革是渐进式的,是通过试点改革逐步在全国推广的,重庆统筹城乡发展的综合改革具有试验性、试点性和开拓性。

2007年6月,国务院批准了重庆和四川省成都市为统筹城乡发展综合配套改革试验区。重庆的统筹城乡发展综合改革试验,一方面是解决重庆城乡二元结构中的各种具体问题和矛盾;另一方面,更重要的是为全国统筹城乡发展探索道路,提供被实践验证的理论支撑和具体操作办法。

重庆的城乡二元经济结构在我国具有典型性和代表性。重庆的基本特点是大城市和大农村并存，在北京、上海、天津和重庆四个直辖市中，北京、上海、天津三地的城市化率均已高达80％以上，农村人口很少，其二元经济结构已不具有典型性。而重庆的二元经济结构和全国绝大多数省和自治区的城乡二元经济结构具有相似性。同时，重庆是一个集"老、少、边、穷"为一体的城乡二元结构，既有城口县"老革命根据地"，又有黔江、酉阳、彭水、秀山等土家族、苗族集聚的少数民族自治县，还有离大都市较远的边远山区和国家级贫困县，这些特点使重庆的二元经济结构具有多样性和代表性。研究重庆的城乡二元经济结构和统筹城乡发展不仅具有区域性意义，还具有全国性意义；不仅具有较高的应用价值，还具有极大的学术价值。

在重庆被批准成为中国统筹城乡发展综合配套改革试验区之前，国内外就有许多学者对城乡二元经济结构进行过研究，并做出了很多理论上的贡献。重庆被批准成为中国统筹城乡发展综合改革试验区以后，又涌现出许多新的理论成果和统筹城乡发展的政策方案。这些理论成果和政策方案基本是从经济学和管理学的原理和方法出发提出政策主张，其理论依据也主要是马克思的城乡关系理论、阿瑟·刘易斯的"二元经济论"、舒尔茨的"人力资本"理论和托达罗的发展经济学等，罕见有学者从经济学和传播学相结合的角度研究重庆统筹城乡发展综合改革事业。

二、研究的学术价值和现实意义

本书的目的是试图揭示城乡二元经济结构的根源在于知识和信息在城乡分布不均衡，研究大众传媒对于统筹城乡发展的功能、作用和意义，探讨和丰富传媒经济学，提出大众传媒在促进重庆城乡统筹发展事业中的政策和对策。它有下述学术价值和现实意义：

第一，为重庆统筹城乡发展综合改革试点服务，提出大众传媒在促进重庆城乡统筹发展事业中的政策和改革措施，进一步完善重庆城乡统筹发展与改革的政策和实施方案。

第二，探索大众传媒对中国城乡统筹发展的功能、作用与意义，提出广泛的大众传媒改革措施，从而使大众传媒在促进中国的城乡统筹发展事业中发挥应有作用。

第三，在学术上丰富传媒经济学的内容，为传媒经济学、信息经济学等新兴学科的发展提供更多实证分析，并尝试探讨经济学与传播学相融合的新趋势，从而有助于交叉学科的研究。

第四，对城乡二元经济结构的形成和解决提出新的观点和方法，从而在学术上促进对城乡二元经济结构的理论研究。

第二节　内容与方法

一、基本概念界定

本书主要围绕城乡统筹发展和大众传媒的关系展开，所用到的基本概念及其界定如下：

1. 农民和农民工

城乡统筹发展有两大基本问题需要解决，一方面是发展现代农业，建立社会主义新农村，本书把留在农村继续从事农业生产的劳动者称为农民；另一方面是农村的剩余劳动力向城市转移，参加工业化和城市化建设，本书把从农村转移出来从事第二、第三产业的农民称为农民工。农民工的身份依然是农民，因为其户籍还未转变，主要家庭关系还留在农村，但所从事的工作已从第一产业转变为第二、第三产业。农民和农民工的共同特点是都和农村保留着密不可分的经济、社会关系，不同的是由于农民从事的是第一产业，农民工从事的是第二和第三产业，他们对信息的需求类型和强度等是不同的。

2. 大众传媒

大众传媒又称大众传播媒介，是在信息传播过程中处于职业传播者和大众之间的媒介体。大众传媒运用先进的传播技术和产业化手段，以社会上一般大众为对象进行大规模的信息生成和传播。大众传媒主要指报纸、杂志、广播、电视等，其传播信息具有速度快、范围广、影响大、信息量多等特点。本书中的"大众传媒"除了报纸、杂志、广播、电视四种传统大众传媒外，还包括了网络即互联网媒体。互联网具有数字化、全球性、信息海量、可储存、易复制等特点，随着信息技术的发展，它已成为现代社会中的重要传播媒介，因此在研究大众传媒与城乡统筹关系的问题中必须将其纳入研究范围之中。

3. 非均衡传播

一般均衡是指每个消费者都能在给定价格下获得自己所需要的投入要素，并在各自的预算约束下购买产品来达到自己的消费效用最大化；每家企业都会在确定的市场价格范围内决定其产量和对投入的需求，以期实现利润的最大化；每个市场都会在这套价格体系下达到总供给与总需求的均衡。当经济具备上述条件时，就是一般均衡。本书中的非均衡传播是指农民和农民工在给定的市场价格下无力购买大众传媒提供的信息产品，同时大众传媒也没有提供满足农民和农民工需求的产品，使他们无法获得与城市居民相当的知识和信息。

二、内容和结构安排

城乡关系是现实经济关系的一部分。无论是中国的城乡关系，还是其他发展中国家的城乡关系，都存在这样一种现实：城市居民收入较高，农村居民收入很低，城乡收入存在着巨大的差距；城市以现代的第二产业和第三产业为主，农村以传统的农业为主，城市的现代产业和农村的传统产业之间存在着巨大的劳动生产率差距；城市集中了较多的政治、经济、文化和科技等资源，农村上述资源则较少，城乡之间存在着发展条件的巨大差距。国内外的众多学者已经对这一现实进行了理论总结（如刘易斯的二元经济论）。但本书将在前人的研究基础上更深入地探讨下去。

如果将上述三类差距进行归纳，把城乡收入差距看成是结果，把城乡产业的劳动生产率差距看成是原因，正是由于城乡劳动生产率存在着巨大差距，才形成了城乡收入较大的差距。再进一步分析，本书认为城乡产业劳动生产率差距是结果，城乡发展条件（城乡发展条件包括人自身的素质和物质生产资料两个方面）差距是原因。城市的物质生产资料不过是知识和劳动的物化形式，可以说，城市的生产资料中凝聚的知识和信息较多，农村的物质生产资料中凝聚的知识和信息较少。从人自身的素质方面看,城市劳动者掌握着较多的知识和信息,农村劳动者占有极少的知识和信息。因此,城乡"二元结构"的本质是知识和信息在城乡中的"二元分布"。知识和信息是城乡发展条件中最主要的条件,本书以农业劳动生产率来分析。

$$农业劳动生产率 = \frac{农业增加值}{农业从业人数}$$

上面的公式表明,提高农业劳动生产率只有两条途径:一是提高农业增加值;二是减少农业从业人数,即转移农村剩余劳动力,将农业就业人数固定在与农村经济规模相适应的数量上。

对于如何提高农业增加值来说,有两个问题需要解决:一是改善现代农业生产条件,如发展水利、机耕、良种等物质条件;二是使农民掌握发展现代农业的知识和市场信息。对于如何转移农村大量剩余劳动力而言,也有两个问题需要解决:一是城市能提供足够多的就业岗位;二是农村剩余劳动力有足够的进入第二产业和第三产业的知识和信息。所以,获得足够多的知识和信息无论对于发展现代农业的农民,还是对于农村剩余劳动力进入第二产业和第三产业都非常重要,是提高农业劳动生产率的关键。

其实就城市而言,城市中第二产业和第三产业的升级换代也主要取决于城市中劳动者知识和信息的掌握与积累。

对于城市劳动者和农村劳动者来说,如何获得知识和信息呢?本书的调查结果表明:城市劳动者获得知识的主渠道是国民教育,获得信息的主渠道是大众媒介;对于农村劳动者来说,除少数人有系统接受国民教育的机会外,对于大多数的人来说,获得知识和信息的主渠道是大众媒介。

大众传媒有以下功能:

(1) 教育功能:如广播电视大学、远程教育、网络学校;
(2) 知识传播功能:如各种现代知识和技能的传播;
(3) 信息传播功能:如各种求职供需信息,各种生产要素的供需信息、价格信息、收益信息、政策信息;
(4) 娱乐功能;
(5) 维权功能;
(6) 监督功能;
(7) 公共通知和公共交流功能;
(8) 引导功能。

上述所有功能都含有对知识和信息的传播,即使是娱乐功能,也含在"寓教于乐的形式"之中。但是在市场经济条件下,大众传媒并不是完全免费的,它分成公益性大众传媒和经营性大众传媒两类。无论是公益性大众传媒还是经营性大众传媒,在城乡的现实分布中都是不均衡的,这种不均衡的分布就是知识和信息在城乡分布不均衡的主要原因。

知识和信息是可以流动的,也是可以重复使用的。可以通过政府干预和制度创新使大众传媒在知识和信息传播中发挥主渠道作用,使城乡劳动者获得知识和信息的机会逐渐协调和均等,从而共同提高城乡劳动者素质,进而缩小城乡劳动生产率差距。

当然,大众传媒的作用不是万能的,它不是缩小城乡知识和信息不均衡分布的唯一途径,但它是一条基本途径。任何经济学流派,任何论文都只能从一个方面、一个知识领域来反映现实的、复杂的、动态的经济运动，本书也只能从大众传媒与城乡发展的现实内在关系这样一个角度来探讨其规律性。

以上便是本书的逻辑主线和理论框架。

本书以大众传媒和城乡统筹发展的关系为研究主题，全书共分为十章。

第一章　绪论：阐述本书的研究目的和意义，提出本书的理论框架、研究内容、结构安排、主要方法和创新点。

第二章　理论基础与文献综述：总结和评价国内外众多学者关于城乡统筹发展与大众传媒的理论和文献，主要从经济学和传播学领域进行文献梳理。

第三章　主要研究大众传媒与经济社会发展的关系，特别是与城乡统筹的关系。一方面大众传媒依赖于经济社会的发展所提供的物质条件；另一方面大众传媒对经济社会的发展具有巨大的促进作用。

第四章　主要研究大众传媒在城乡传播的特点与规律，并探讨与研究大众传媒在城乡传播的特点与差异的原因，找到缩小大众传媒城乡传播差异的基本途径。

第五章　城乡二元结构的现状描述：对中国城乡二元结构的现状进行比较分析，重点比较城乡收入差距、城乡劳动生产率差距的原因。对重庆二元经济结构的现状和特点进行深入探讨。

第六章　研究大众传媒与农村市场信息传播，提出了大众传媒是市场信号传播主渠道的新观点。市场信号是指反映商品和生产力要素价格的信息，以及政府政策、企业行为、消费者趋势等信息。如反映劳动力价格的工资率、反映货币价格的利率、反映外汇价格的汇率、反映商品供求状态的价格、反映股市涨落的股票价格等。研究了城乡中知识与信息的不均衡分布，并对知识、信息不均衡分布的原因进行了探讨，对市场信号促进城乡统筹的作用进行了分析。

第七章　大众传媒对城乡统筹发展的功能和作用缺失分析：本章研究了除市场信号之外的大众传媒的其余功能。它包括在城乡统筹中的教育功能、知识传播功能、政策导向功能、市场广告功能、监督维权功能和娱乐功能等。研究了大众传媒对提高城乡劳动者素质、对通过市场信号引导生产要素合理流动，实现资源配置的重要作用；并对大众传媒促进产业转移、调整农业生产结构和引导需求结构进行了研究。

第八章　就农民和农民工对所需的知识和信息的现实需求进行了调查与分析：本章通过对重庆城乡统筹综合配套改革试验区的农民和农民工的抽样调查，了解到绝大多数农民和农民工在生产生活中对知识与信息有着极大的需求。对农民和农民工获得信息的主要渠道以及接受信息习惯进行调查分析，得出了在统筹城乡发展中，农民和农民工最想获取的知识和信息情况，提出了解决农村信息供需矛盾的基本途径。

第九章　探讨了全球传媒产业的发展趋势，分析了美国、韩国、日本、印度等国通过大众传媒促进乡村发展的政策和措施，总结了一些国际经验作为借鉴。

第十章　探讨大众传媒在城乡统筹中的发展趋势，从满足城乡统筹需求的角度研究大众传媒的改革和发展方向。对经营性大众传媒产品和公益性大众传媒进行界定，并结合中国实际，提出了中国大众传媒的改革与发展方向和相关政策性建议。

最后是结论与展望，归纳本书所得出的主要结论，并阐述研究局限与进一步研究的展望。

三、研究方法

本书从经济学、管理学与新闻学传播学相结合的角度，主要采用个量分析与总量分析法、问卷调研法、规范分析与实证分析相结合等方法对大众传媒与城乡统筹发展之间的关系进行研究和分析。

1. 个量分析与总量分析法

个量分析是指个体或典型案例的研究方法。总量分析是指整体分析，是以城乡统筹发展的整体状况与大众传媒的发展情况为研究的方法。本书的问卷调查对重庆市九龙坡区及垫江县农民收入与大众传媒之间的关系进行了分析，这种分析具有典型性和代表性，但也具有一定的局限性。局限性主要表现在：一是样本的收集数量有限；二是所得到的结果是有条件的，并不能够完全反映中国其他地区农民的普遍状况。本书通过对中国宏观统计资料的分析揭示了城乡劳动生产率、农民收入与农民拥有的电视机、计算机等媒介之间有密切的内在联系，城乡劳动生产率及农民收入越高的地区，大众传媒的分布越密集。

2. 问卷调研法

问卷调研法是一种调查、研究、收集数据的方法，通过向调查者发出简明扼要的征询单或表，请其填写对有关问题的意见和建议来间接获得材料和信息的一种方法。问卷调查，按照问卷填答者的不同，可分为自填式问卷调查和代填式问卷调查。自填式问卷调查，按照问卷传递方式的不同，可分为报刊问卷调查、邮政问卷调查和送发问卷调查。代填式问卷调查，按照与被调查者交谈方式的不同，可分为访问问卷调查和电话问卷调查。

为研究城乡统筹下的农民和农民工在信息方面的需求，本书选择了对重庆九龙坡区和垫江县的农民和农民工送发问卷调查，主要目的是为了对研究城乡统筹中农民和农民工的信息需求提供最新的实际数据以研究分析，同时也为本文的数理方法提供原始数据基础。

3. 实证研究法与规范研究法相结合

所谓实证分析，指社会经济现象是什么的方法。本书按照此方法，既对客观经济事实进行了判断，也对大众传媒与农民收入之间的关系进行了陈述。所谓规范分析，是分析社会经济现象应该是什么的方法，是超越价值判断，从某个可以证实的前提出发，来分析人的经济活动。本书分析了大众传媒在城乡统筹发展中应该发挥什么作用，即规范分析的方法。同时，本书又分析了大众传媒与城乡统筹的现状，揭示了是什么和应该是什么之间的差异及其原因。本书在规范分析中有实证分析，在实证分析中有规范分析。

四、本书的主要创新点

本书最显著的特点是将经济学、管理学和传播学三者结合起来，以交叉学科的角度研究了大众传媒与城乡统筹发展的关系。在研究方法上既重视微观问卷调查，又重视宏观统计数据的分析。本书的事实依据既有典型性又具有普遍性。本书有以下创新点：

（1）将不同学科领域的理论与方法结合，对城乡统筹与大众传媒的关系进行了系统研究，从理论上论证了知识与信息的非均衡传播是城乡非均衡发展的重要诱因。系统地揭示了大众传媒在城乡统筹发展中的政策导向、知识传承、教育、生产要素引导等功能对人自身素质的提高、对产业结构的调整等方面的作用，提出了大众传媒是市场信号传播的主渠道的重要结论。政府对大众传媒的政策和引导能够一定程度上改善知识与信息的非均衡传播。本书同时对舒尔茨的人力资本理论和哈耶克的知识分工理论进行了延伸研究，在理论基础与方法上将经济学与传播学结合起来，丰富了传媒经济学的研究领域和内容。

（2）对知识与信息的非均衡传播以重庆为案例进行了实证分析。通过问卷调查，对全国统筹城乡发展实验区的重庆农民和农民工的信息需求类型与信息来源渠道进行了研究，发现留在农村继续从事第一产业的农民，特别需要获取农业技术和农产品市场价格的信息；进城务工的农民特别需要获取从事第二、第三产业的职业知识与信息及农民工权益保障的法律知识；农民和农民工共同想获取的是党和国家的政策、重庆城乡统筹发展的政策等信息。

同时证明了大众传媒在城乡统筹发展中有政策导向、知识传承、教育、广告、监督维权等功能，并试述了功能的重要程度。此次问卷调查中超过58.9%的农民工最想获取的信息是党和国家政策，超过50.47%的农民最想获取的信息也是党和国家政策，由此可知，大众传媒在城乡统筹发展中的第一位功能是政策导向功能。农民和农民工对农产品的市场价格、农业生产技术、农民工进城务工的职业知识表示出极大的信息需求意愿，因而排在第二位的是大众传媒的知识传承功能。排在第三位的则是大众传媒的监督维权功能。农民和农民工的信息需求也反映出需要农村大众传媒拥有广告功能、教育功能和娱乐功能，但这种意愿相对较弱。

农民和农民工的信息需求意愿不仅反映出大众传媒可以在城乡统筹中发挥政策导向的功能、知识传承的功能、监督维权的功能和其他功能，也反映出这些功能在农村的缺失及知识和信息在城乡之间的供需矛盾。研究供需矛盾的均衡是经济管理学的基本领域，但传统的研究多偏重于市场经济中商品的供需均衡、劳动力的供需均衡和资金的供需均衡，知识与信息的供需均衡涉及甚少。

本书的一个重要结论就是应当重视和研究知识与信息在城乡之间的供需均衡。通过大众传媒的功能发挥，更好地满足农民和农民工对知识与信息的需求，从而提高农民与农民工的综合素质，引导农村生产要素的流动，引导产业转移和农业生产结构的调整，引导农村消费结构和需求结构的转变，进而提高劳动生产率，增加农民、农民工的收入，促进城乡统筹发展。

（3）建立新的城乡知识、信息协调传播的评价指标体系和模型。本书探讨了我国大众传媒发展的现状特点与存在的问题，提出了我国大众传媒的发展与改革方向，设计了公益性大众传媒和经营性大众传媒的判别标准与政策界限，提出了一级和二级指标体系。

本书试图揭示城乡二元经济结构的根源在于知识和信息在城市和乡村分布不均衡，研究大众传媒对于统筹城乡发展的功能、作用和意义，提出促进城乡统筹发展的大众传媒政策和对策。其研究结果在一定程度上丰富了大众传媒与社会经济发展关系的研究，丰富了传媒经济学的研究领域和内容，强化了理论深度，对相关理论研究具有一定的参考价值。此外，研究结论有助于政府、学界及传媒机构和商界参考，能够为城乡统筹发展提供新的研究思路。

本章小结

本章阐述了本书的学术价值和现实意义。本书试图揭示城乡二元经济结构的根源在于知识和信息在城市和乡村分布不均衡,重在研究大众传媒对于统筹城乡发展的功能、作用和意义,丰富和发展传媒经济学的内容,提出促进重庆市城乡统筹发展的大众传媒政策和对策。同时,本章还具体介绍了研究中的基本概念、研究内容、结构安排和研究方法以及研究的主要创新点。

第二章
城乡关系的理论和文献综述

第一节 城乡关系的经济学理论和文献综述

一、马克思主义关于城乡关系的理论

马克思和恩格斯是国外学者中最早系统研究城乡关系的学者。早在1846年，马克思和恩格斯在其撰写的《德意志意识形态》一书中指出：物质劳动和精神劳动的最大的一次分工，就是城市和乡村的分离。城乡之间的对立是随着野蛮向文明的过渡，部落制度向国家的过渡，地方局限性向民族的过渡而开始的，它贯穿着全部文明的历史并一直延续到现在。他们进一步认为，在生产关系和经济制度改变以后，消除城乡差别的基本途径是把农业同工业结合起来，促使城乡之间的差别逐步消失。

马克思、恩格斯关于城乡关系的理论包含以下主要内容：城市是由劳动分工的发展产生的；城乡关系从产生到城乡差别消灭将会经历城乡分离、城乡对立、城乡差别和城乡结合四个阶段；消灭城乡差别的基本途径是将工业和农业结合起来。

由于他们当时的精力主要不是投入在研究城乡关系中，所以这种关于城乡关系的论述缺乏实证材料，带有历史哲学的论述特点，但这些论述毕竟给后人指明了研究的方向，并且指出了缩小城乡差别的基本途径。

二、刘易斯的二元经济论

美国经济学家阿瑟·刘易斯是诺贝尔经济学奖获得者，他的名字与二元经济紧密相连。刘易斯的二元经济模型有三个特征：第一，它包括"现代的"与"传统的"这两个部门，现代部门通过向传统部门吸收劳动力而得以发展。第二，在提供同等质量和同等数量的劳动条件下，非熟练劳动者在现代部门比在传统部门得到更多的工资。第三，在现行工

资水平下，对现代部门的劳动力供给超过这个部门的劳动力需求。就这个意义来说，发展之初非熟练劳动者是充裕的。在刘易斯的二元经济模型中，劳动力以无限的供给弹性从传统部门流向现代部门。

刘易斯认为，经济发展存在两个阶段。在经济发展的第一阶段，劳动力处于无限供给的条件下，在国民收入中，利润所占份额将会增加。在经济发展的第二阶段，资本的供应赶不上劳动力的供给时，各种生产要素都会短缺，这时劳动力的供给不再是无限的，工资不再保持不变。当劳动力过剩向劳动力短缺变化时，就形成人们通常所说的刘易斯拐点。

刘易斯在论述城市和乡村的就业时认为，城市中大量的临时性失业和农村中的隐蔽性失业同时并存，涌向城市的人口浪潮出于三方面的原因进行流动：第一是城市工资和农村收入存在巨大差距；第二是乡村学校教育的加速发展；第三是发展和福利开支不成比例地集中于城市，使城市更具有吸引力。

刘易斯的二元经济论不仅揭示了城市和乡村中现代产业和传统产业的二元特征，还研究了城乡劳动力转移的规律、特点和原因，因而成为发展中国家研究城市关系的主要理论之一。无论是重庆还是整个中国，都存在大量的农村剩余劳动力，都处于加速城市化的进程之中，因此，刘易斯的二元经济理论具有重要的指导和借鉴意义。

三、 舒尔茨的人力资本理论

西奥多·W·舒尔茨（Theodore W. Schultz）是1979年诺贝尔经济学奖获得者，他于1960年在美国做了论《人力资本投资》一书的演讲。他认为人力资本是现时代促进国民经济增长的主要原因，人口质量和知识投资在很大程度上决定了人类未来发展的前景。舒尔茨虽然没有直接研究城乡关系，但他的人力资本理论却给城乡劳动者素质的提高指明了途径。

新古典经济学把经济增长看成一个生产函数，国民财富的增长与土地、资本等要素的耗费应该是同时发生的。但是在第二次世界大战之后，国民财富的增长速度却大于土地、资本等生产要素的耗费速度，这是为什么呢？第二次世界大战之后，德国和日本的经济基础遭受巨大破坏，当时人们普遍认为德国和日本的经济恢复需要很长时间，但事实却并非如此。舒尔茨经过研究后认为，德国和日本经济的复苏，最主要的原因是人力资本充足。战争虽然使这两个国家的物质基础受到破坏，却并没有破坏其人力资本基础。由于德国和日本通过教育培养了大量高素质的劳动力，因而便有了发展高技术产业的劳动力基础。

在解释国民财富和资源耗费问题时，舒尔茨认为：投入与产出之间增长速度之差，一部分是由于规模经济收益，另一部分是由于人力资本带来的技术进步的结果。技术进步是使单位劳动、土地和资本产生更多的效益。

舒尔茨给人力资本下的定义是：人力资本是体现在劳动者身上的一种资本类型，是劳动者的知识程度、技术水平、工作能力和健康状况等方面价值的总和，教育投资是人力资本形成的关键途径，教育不仅能提高人们处理不均衡状态的能力，它也是使个人收入的社会分配趋于平等的原因。

舒尔茨的人力资本理论给本书的启示是：当今中国存在着大众传媒日益娱乐化的倾向，应强化大众传媒的教育功能，并通过这种教育功能来提高城乡劳动者的素质。

四、哈耶克的知识分工与协调理论

F. A. 哈耶克（F. A. Hayek）是 1974 年诺贝尔经济学奖获得者，是一个以自由主义思想为基础的经济学家。1936 年，他发表了《经济学与知识》一文（*Economics and Knowledge*），提出了知识分工的思想。

哈耶克认为，如果我们能假定社会中任何人都是全知全能者，那么我们可以宣称社会处于均衡状态，否则"均衡"的含义就没有任何意义。在现实世界中，任何个人所拥有的知识都是微不足道的，这种情形类似于劳动分工中的"知识分工"。在哈耶克看来，"知识分工"甚至是经济学的中心问题。每个人都拥有特定的知识，并根据自己掌握的知识和信息做出行动选择。只要每个人根据自己的知识和信息所做出的行动是理性的、一致的，那么"均衡状态"就能实现。哈耶克认为虽然每个人不可能拥有市场上的全部信息，但可以通过价格机制解决信息问题。价格在市场机制中可传递有用的信息。如果价格在市场中是自动调整的，那么就有自动传递信息的功能，其他行动者就会获得这种信息。

哈耶克的"知识分工"思想是深刻的，但可惜的是他并没有就此做进一步研究。他既没有研究知识与信息在城乡中的分工状况，也没有研究知识与信息在城乡分布不均衡的规律，更没有研究政府和大众媒体与知识分工的关系。当然，这是与他的自由主义思想基础密切相关的。

五、戴梦德、莫腾森和皮萨里季斯的劳动力市场均衡搜寻理论

彼得·戴梦德（Peter Diamond）是美国麻省理工学院教授，戴尔·莫腾森（Dale Mortensen）是美国西北大学教授，克里斯托弗·皮萨里季斯（Christopher Pissarides）是英国伦敦经济学院教授，三人因劳动力市场均衡搜寻理论共同获得 2010 年诺贝尔经济学奖。

在西方的经典理论中，劳动力市场是在信息完备、无摩擦的环境中实现供需平衡的。但是，现实世界中，劳动力市场的信息并不完备、充分，且充满摩擦与利益冲突，求职过程是一个搜寻信息、供需职位匹配的过程。他们通过建立模型得出结论：搜寻成本和摩擦的存在会导致多重的市场结果，而政府可以在多重市场结果中寻找一个最优的结果。劳动力市场一般会在高失业率、低岗位空缺率和低失业率、高岗位空缺率之间波动。中国的劳动力市场供需平衡中，就存在农民和农民工搜寻信息难的问题，他们三人的理论对于中国劳动力市场的供需平衡具有重要的借鉴意义。

六、国内学者对于城乡统筹和重庆统筹城乡发展的研究

国内学者对于城乡统筹的研究文献甚多，本文仅列举部分有代表性的观点：

林凌（2008）在《统筹城乡发展的重大举措》一文中认为，城乡发展失衡是我国经济社会中最为突出的矛盾之一，集中表现为城乡居民的收入、享受社会公共服务和文化服务水平的差距日益增大。城乡失衡由城乡经济二元结构加深引起，他认为解决城乡二元结构不但要靠中央政府的政策向"三农倾斜"，且要靠工农、城乡间的直接互动，逐步实现工

业反哺农业、城市支持乡村的战略转变。

中国社会科学院农村经济研究所李成贵（2008）在《统筹城乡工作要有历史观和大局观》一文中认为，统筹城乡就是要重构国家与农民的关系，就是要对农民赋权、平权和维权，让农民分享收入增长和社会进步的成果，分享共同的未来、利益和尊严，就是追求社会公正，维护社会公利。要"资本下乡，农民进城"。

四川大学邓玲、王彬彬（2008）在《统筹城乡发展评价指标体系研究》一文中提出，统筹城乡发展指标体系由缩小城乡差距指标体系、走新型工业化道路指标体系、加快城市化发展指标体系、建设社会主义新农村指标体系、全面建设小康社会指标体系、建设现代化指标体系、实现联合国千年目标指标体系等十方面构成。

中国综合开发研究院李津逵（2008）在《统筹城乡建设用地，建设有产者的社会主义》一文中认为，表面看来，二元结构不公平体现在以户籍制度为标志的身份隔离，但实际上"二元结构对于农民最大的不公，体现在城乡之间、工农之间发生交换的环节。在这种环节中，由国家单方面定价，剥夺了农民与城市、农业与工业平等交换的权利。这种由国家垄断了全部基础性资源配置权利的工业化和城市化，不妨称之为'国家工业化'和'国家城市化'"。李津逵认为解决这一问题的关键是统筹城乡建设用地，让农民通过土地获得财产性收入。

青岛社会科学院赵明辉（2008）在《论实现城乡统筹中的农民利益保护问题》一文中提出，要对失地农民的利益切实保障。

重庆社会科学院许玉明（2008）认为，统筹城乡发展中户籍制度改革成为改革的关键。

西南交通大学公共管理学院戴宾（2008）认为，统筹城乡发展的核心是统筹城乡产业发展，构建支撑城乡统筹发展的产业体系，促进城乡产业的互动与融合。

华中师范大学中国农村问题研究中心柯高峯（2008）在《农民转型：实现城乡统筹发展的一个理论视角》一文中提出，现代化的含义是从传统农业社会到现代工业社会的转型过程。"农民转型"的内容非常丰富，除农民生产转型外，还包括农民就业、生活、消费、思维方式与价值观念的转型，农民转型理论与农民分化、分层、农民现代化和农民市民化等理论既有联系又有区别。

中国社会科学院陆学艺（2005）在《"三农"新论》一书中提出：第一，中国的农业问题在现阶段主要是粮食和主要农产品的供给问题，这个问题是可以解决的，现有生产力可以保证农业对社会的供给。第二，国家要把解决农业问题放在第一位。现在我国农业问题已经解决了，但农民、农村问题还很严重，而农民问题是"三农"问题的核心问题。在现阶段农民需要解决哪些问题呢？一是农民太多，二是农民太穷，三是农民太弱，四是农民被日益边缘化。如何解决农民的上述问题呢？陆学艺的观点是深化体制改革。究竟深化哪些体制改革呢？陆学艺对此并未做进一步的研究。

蔡昉、都阳（2003）的专著《劳动力流动的政治经济学分析》中应用政治经济学的理论框架，分析了改革以来中国劳动力的流动，并通过经验研究表明城乡收入差距是劳动力流动的动因，户籍歧视是劳动力流动的障碍，通过改革与发展创造更多的就业岗位是缩小城乡收入差距的重要途径。

刘湖、彭晖（2008）在《消费经济》上撰文认为，构建新农村现代商品流通体系是实现城乡和谐发展的关键。

周振华（2002）发表的《我国收入分配变动的内涵、结构及趋势分析》一文中认为，在我国目前情况下，依靠农业收益来提高农民收入水平的边际可能性趋于零，而通过非农收益来改善其收入水平的潜力也不大。唯一的现实途径是通过城市化的大规模转移，改变农民的身份，进入城市非农部门。因此，加大城市化力度（其中有可能包括土地制度调整），打破人口流动壁垒，实行大规模的农业过剩劳动力转移，是控制城乡之间、地区之间收入差距持续扩大最有效的途径。

国务院发展研究中心研究员韩俊（2010）在《城乡统筹发展中的几个问题和误区》一文中认为，统筹城乡发展，在政策部署上应当把握好的一是城乡基本公共服务均等化问题，二是农民的市民化问题，三是农民的土地权益维护问题。误区主要在农民的土地问题上，片面强调土地的规模经营，片面强调以土地换社保，片面强调城市建设用地增加与农村建设用地减少相挂钩。

中国社会科学院农村发展研究所研究员党国英（2010）发表的《扶贫需要新思维》一文中提出，中国扶贫工作的重点，恐怕今后会逐渐转移到城市。一些制度调整到位以后，农业会变为一个完全市场化的产业，农村会变为专业农民的居住区域，农民则变为"城外市民"，失业人口将居住在城市，或者归城市系统来管辖。实现这个目标固然要用很长时间，但趋势不会改变。

北京大学教授厉以宁（2008）在《人民政协报》撰文认为，统筹城乡发展最重要的是改革城乡二元体制，主要是改革农村产权制度、宅基地管理制度、金融服务体系。

中国经济出版社2008年2月出版了由中国（海南）改革发展研究院编辑的《强农、惠农——新阶段的中国农村综合改革》一书，该书集中发表了一批国内代表性学者关于统筹城乡发展的论文。

迟福林（2008）的《统筹城乡基本公共服务》一文认为，经过30年的改革发展，中国农村潜在的基本公共需求开始变成全面的现实要求。适应这个要求，为广大农民提供基本而有保障的公共产品，已成为新阶段统筹城乡发展的重大任务。现实多方面的情况表明，基本公共服务是缩小城乡实际差距的重要因素，是新阶段农村反贫困的关键所在，也是全面提高农村人口素质的根本途径。

国务院发展研究中心农村经济部综合室主任郭建军（2008）在《新时期农村基础设施和公共服务建设研究》一文中认为，随着我国经济进入以工促农、以城带乡的新阶段，我国已经基本具备了将基础设施建设和公共服务重点转向农村的条件和能力。加强农村基础设施建设，改善农村公共服务，是改善农民生产、生活条件的重要内容和关键环节。

国务院发展研究中心林家彬（2008）在《农村公共服务的财源与公共财政体制问题探讨》一文中认为，公共服务的特性决定了政府应当成为公共服务的主要提供者。因此，公共财政体制的健全和完善，就成为农村公共服务体系最为重要的基础和前提。税费改革以后，为了妥善解决取消农业税后的农村公共服务财源问题，需要着力解决现行转移支付中的存在问题，根据不同地区经济发展水平选择转移支付模式。

中国（海南）改革发展研究院课题组通过《农村基本公共服务现状与问题调查报告》研究的结论是，农村基本公共服务的内容主要是义务教育、医疗服务、基本社会保障、就业培训、农村公共基础设施、农村生态环境保护、农业技术、农村公共安全等八个方面。

七、对城乡统筹文献的评价

国内学者关于城乡统筹的论文在现阶段中国的经济学、管理学文献中占据了突出的地位，但就其内容来说，可以归纳为以下几方面：

（1）对"三农"问题的现状，特别是城乡差距的现状进行了描述和分析。对城乡差距扩大的影响和危害进行了深入论证。城乡差距的主要表现集中在城乡收入、城乡劳动生产率和城乡公共服务方面。

（2）将农村剩余劳动力转移作为缩小城乡差距、统筹城乡发展的一个主要问题。国内众多学者还对农村剩余劳动力转移的原因、转移区域和转移趋势进行了较为系统的研究。

（3）将城乡二元结构的形成主要归结为城乡二元体制，主张对城乡二元户籍制度、土地制度、就业制度、社会保障制度、财政金融体制等各项制度进行改革，统筹城乡发展。

（4）对城乡公共服务均等化的内涵和内容进行了深入研究，认为城乡公共服务均等化是解决城乡统筹发展的重要突破口。

（5）认为工业反哺农业，城市反哺农村是城乡统筹发展的基本途径。

就国内城乡统筹文献的理论基础来说，基本上是以阿瑟·刘易斯的二元经济论和西方制度学派的理论为基础；就方法论来说，主要是通过抽样调查进行实证分析，缺少经过实践经验的理论模型；就研究内容来说，主要是在应用经济学说范围之内，缺少理论经济学的文献。

从国内文献的内容来看，很少有从知识和信息在城乡之间分布不均衡的角度来研究城乡统筹发展的文献，也很少有从经济学和传播学相结合的角度来研究城乡统筹发展的文献。

第二节 城乡关系的传播学理论和文献综述

一、勒纳的中东现代化研究

传媒与社会发展关系问题是发展传播学研究领域的经典问题。以美国为代表，主要以国家发展为研究对象进行分析，其中心议题是大众传媒在国家实现现代化过程中的作用。随着时代的发展，这一研究从最早局限于传播与经济发展的领域逐渐发展为传播与经济社会综合取向的研究。

勒纳（Lerner，1958）的《传统社会的消逝：中东的现代化》一文中提出：由于第一次世界大战的影响，传播作为社会变迁的工具，在20世纪20年代受到关注。到第二次世界大战，人们开始察觉传播作为社会变迁工具的强大威力，各种大众传播媒介特别是广播被广泛地用于说服、宣传和心理战，在此之下，传播学诞生并为日后发展传播学的研究提供了可能。第二次世界大战结束后，信息传播技术尤其是电视及卫星通讯技术取得飞速发展，在世界范围内产生了广泛而深刻的影响。与此同时，西方发达国家经济进入高速稳定增长的"黄金"阶段，在全球范围内掀起了以工业化为主导的现代化高潮。新的国际形势，对美国的经济、政治和外交提出了严峻挑战。为了重新调整对外政策，美国政府需要对新兴国家的发展背景和前景进行研究，为其制定对外政策提供理论和实践依据。勒纳的《传统社会的消逝：中东的现代化》即产生于这一背景下。

勒纳通过对中东地区七个国家的调查数据描述和结果分析，详细探讨了中东地区向现代社会转变的过程，着重分析了在这一过程中价值观念与行为模式的变化。勒纳阐述了现代化进程中的三个阶段：都市化（urbanization）、读写能力（literacy）和大众媒介参与（mass media participation）。以识字率、都市化率和传播体系为指标体系，划分出三种社会形态：近代社会、过渡社会和传统社会，并得出结论：传播体系的变动，既是整个社会体系变动的结果，又是变动的原因。勒纳的理论核心：现代化过程，就是城镇化、教育、大众传播的普及和公众的参与四个因素相互作用的过程。工业化发展以后，人口相对集中，使社会城镇化；城镇化带来教育的普及；教育为大众传播的发展准备了社会条件，使社会成员有能力分享信息资源；在城镇化、教育和大众传播普及的基础上，公众获得政治经济参与的条件和权利，从而逐渐形成一个理想的社会。勒纳将转变人的想象力的角色归于传媒，把大众传媒称为"奇妙的放大器"。他提出，应扩张大众传媒，使其提供发展中国家快速的社会变迁所需要的新观念、新习惯和新行为的"线索"。从勒纳的研究可以看出，大众传媒在从传统社会到现代的转化中起到了巨大的作用和影响。他的观点被称为发展传播学的经典之作，但也有其自身的局限性，如对三种社会形态的分析以及社会和传播的互动关系分析比较粗略；同时，其研究以美国为中心和参照系，忽视了其他国家尤其是众多发展中国家的传播经验。

二、施拉姆关于大众媒介与国家发展的研究

威尔伯·施拉姆（Wilbur Schramm，1907—1987）是斯坦福大学传播研究所、伊利诺伊大学传播研究所等四所传播研究机构的创办人，他被称为"传播学之父"。施拉姆对传播学的巨大贡献在于他把美国的新闻学与社会学、心理学、政治学等其他学科综合起来进行研究，在前人研究传播的基础上，归纳、总结、修正并使之系统化、结构化，创立了传播学这门新兴学科。1964年，施拉姆为联合国教科文组织撰写研究报告《大众媒介与国家发展》，他从宏观战略的角度出发，构建了大众传播与国家发展的关系，对战后发展中国家的大众传播事业进行了深入的探讨。施拉姆认为大众传媒传播信息能有效促进国家发展，强调信息传播对发展中国家的重要性，并指出发展中国家在信息传播方面远远落后于发达国家，严重阻碍了发展中国家的经济、政治、文化等社会各个方面的发展，消除这种信息不平衡的现象是发展中国家面临的艰巨任务。施拉姆提出信息传播在国家发展中有守望环境、参与决策和提供教育的功能。在他的研究中，最重要的一项是提出了大众传媒在国家发展中的具体功能：包括扩张视野，通过媒介唤醒国家意识，促进国家整合；把公众的注意力集中于国家的重要发展项目；提高人民的抱负；为国家发展创造有利气候；执守社会规范；形成文化品位等。

施拉姆的研究与勒纳的观点有相似之处。例如施拉姆认同勒纳把大众传播媒介视为国家发展"能动性的倍增器"，在国家发展目标上施拉姆也倾向勒纳把国家的经济增长作为传播增长所要达到的终极目标。但是，施拉姆对大众传媒在国家发展中的功能持完全乐观

的态度，有强烈的理想主义色彩，过高地估计了大众传媒的作用。

三、罗杰斯创新扩散理论

埃弗雷特·罗杰斯（E. M. Rogers）（1962）的创新扩散理论：美国新墨西哥大学的罗杰斯考察了创新扩散的进程和各种影响因素，总结出创新事物在一个社会系统中扩散的基本规律，即著名的创新扩散理论。创新扩散过程包括五个阶段：了解阶段、兴趣阶段、评估阶段、试验阶段和采纳阶段。创新扩散被定义为以一定的方式随时间在社会系统的各种成员间进行传播的过程。扩散过程由创新、传播渠道、时间和社会系统四个要素组成，传播渠道是其中一个非常重要的环节。

创新扩散的传播过程可以用一条类似于"S"形的曲线来描述。在扩散的早期，采用者很少，进展速度也很慢；当采用者人数扩大到一定数量（临界数量）以后，扩散过程突然加快，曲线迅速上升并保持这一趋势，即所谓的"起飞阶段"；在接近饱和点时，进展又会减缓。创新扩散的整个过程类似于一条"S"形的曲线。罗杰斯指出，创新事物在社会系统中要能继续扩散下去，首先必须有一定数量的人采纳这种创新物，通常这个数量是人口的10%～20%；创新扩散比例一旦达到临界数量，扩散过程就起飞，进入快速扩散阶段；当系统中的创新采纳者再也没有增加时，系统中的创新采纳者数量或创新采纳者比例，就是该创新扩散的饱和点。

罗杰斯认为，创新扩散总是借助一定的社会网络进行，在创新向社会推广和扩散的过程中，信息技术能够有效地提供相关的知识和信息，但在说服人们接受和使用创新方面，人际交流则显得更为直接有效。因此，创新推广的最佳途径是将信息技术和人际传播结合起来加以应用。罗杰斯侧重个人层次的现代化研究，以及社会结构、社会规范与社会风气对创新扩散产生的影响，但未对社会结构、社会制度如何促进或阻碍创新扩散和国家现代化进行深入研究。

四、知沟理论、信息沟理论

蒂奇诺（P. J. Tichenor）（1970）的知沟理论：20世纪60年代的美国，学校的贫富儿童在学习能力和成绩上的差距引起了社会的广泛关注，要求实现教育机会平等的社会呼声高涨。在强大的社会压力下，美国政府推出了一个补充教育计划——利用普及率很高的电视媒介缓解贫困儿童受教育不平等的问题，其中一个重要的项目即儿童教育系列片《芝麻街》。然而，后来对实际播放结果的研究发现，尽管《芝麻街》播出对贫富儿童均产生了良好的教育效果，但对节目接触和利用最多的还是富裕儿童，以缓解教育条件不平等为目的的这部系列片，实际结果却是扩大了二者间的差距。尽管大众传播将同样的知识或信息传送到每一个家庭和社会的各个角落，人们在接触和利用的机会上并不平等，因而它所带来的社会结果实际上却加大了差异。1970年，以美国传播学家蒂奇诺为主的"明尼苏达小组"在一系列实证研究的基础上，提出了知沟理论，即由于社会经济地位高者通常能比社会经济地位低者更快地获得信息，因此，大众媒介传送的信息越多，这两者之间的知识鸿沟也就越有扩大的趋势。除了接触媒介和学习知识的经济条件因素以外，蒂奇诺认为造成知沟扩大的原因还有传播技能上的差异、已有知识储存量的差异、社交范围的差异、信息的选择性接触、理解和记忆的因素、大众传播媒介的性质（传播有一定深度的关于公众事物和科学知识的媒介主要是印刷媒介，其受众主要集中于高学历阶层）等。在上述原因中，无论哪一方面，社会经济地位高的阶层都处于有利的状况，这是造成社会"知沟"不断扩大的根本原因。这一时期出现的"知沟"理论反映了人们对信息社会中的阶层分化问题的重视。

N. 卡茨曼（N. Katzman，1974）的信息沟理论：1974年，N. 卡茨曼提出了信息沟理论，这一理论是随着新传播技术的发展，对知沟理论的延伸。其主要观点包括：新传播技术的采用将给整个社会的每一个成员带来信息流通量和信息接触量的增大；新技术的采用带来的利益并非对所有社会成员都是均等的，即现有信息水准较高或信息能力较强的人能够比较弱的人获得更多的信息；与人的能力相比，计算机等机器的信息处理和积蓄能力要强大得多，既有的信息富裕阶层通过早期采用和熟练使用先进机器，能够比其他人更拥有信息优势；新媒介技术不断涌现，更新换代周期缩短，其趋势可能是"老沟"未能填平，"新沟"又不断出现。

知沟、信息沟理论产生后，主要应用于新媒介的普及过程研究、地区开发和社会发展研究。普及研究主要从人们获得信息和知识的物质手段——信息接收和处理设备的普及过程调查入手，分析社会各阶层间知沟、信息沟的现状及产生原因，认为社会阶层间的知沟、信息沟产生的根源在于社会经济结构的不平衡。地区开发和社会发展研究早期关注的重点是发展中国家区域开发问题，20世纪90年代开发与社会发展研究扩展到整个信息社会规划和建设的领域。例如1993年美国提出的"信息高速公路"计划，某种意义上是试图通过全国信息基础设施的建设，为"所有个人"提供均等的传播机会，以缩小社会阶层间的信息差距乃至知沟的设想。进入21世纪，随着新媒体的不断发展，涌现出了针对如数字鸿沟等问题的研究，但在国内将大众传播媒介与城乡统筹这一现实问题结合起来的研究仍不多见。

五、 大众传媒与农业现代化研究

近年来，国外的学者非常重视大众传媒对农村地区现代化的作用，该方面研究主要开展于美国和欧洲一些发达国家，以及印度等非洲发展中国家的研究中。根据现有文献来看，国外研究学者目前的研究集中在技术进步对农村生活的重要影响上，在方法上以定性和定量相结合为主。詹森和理查森（M. Jensen, D. Richardson，2000）在研究中指出，在资源贫乏、经济欠发达的非洲冈比亚、肯尼亚、毛里求斯等发展中国家，在"最后一公里"农业信息服务中，广播、电话和公告栏仍扮演着重要角色。与之相对的，如南美洲的巴西，用户可以通过计算机网络自由下载和存储国家气象协会的气象信息系统和农业信息系统。这表明发展中国家的当务之急仍是运用现代信息技术和软件传递农业知识。

韦斯、克劳德和伯纳蒂（A. Weiss, L. Van Crowder, M. Bernardi，2000）通过对英国农业信息现状的研究，发现了传播技术在农业服务中的重要性。通讯卫星向70多个国家提供农业信息服务，用户通过掌上计算机接受实时的市场价格信息，农场咨询顾问和用户通过这些信息服务组织或下载并存储这些信息。

韦斯、克劳德和伯纳蒂（A. Weiss, L. Van Crowder, M. Bernardin，2000）研究了非洲著名的私人信息传播团体，该团体有55名员工和1,000余部无线电话，主要任务是向农户提供电话服务（被称为有效电话服务）和出版宣传册，这也是一种新型的商业模式。

谢默斯·格莱姆斯（Seamus Grimes，2000）以欧盟为例，研究在信息社会中农村地区的前景。其中，与核心市场的距离远近影响在减弱，农村地区依靠提升获取相关信息的学习能力在增强。欧盟的政策迄今仍被严格的技术标准所影响，强调基础设施和器材的必要性。随着人们对社会标准的关注，质疑也随之而来，比如资源浪费、劣质项目和虚假期望。电子办公被广泛地宣传成在农村地区大有前途的办公方式。

杜格尔·布兰克·海因曼（Douglas Blanks Hindman，2000）通过宏观数据分析了信息沟在都会地区和非都会地区增大的情况。研究发现，相较地理位置而言，个人的收入、年龄、受教育程度与其信息使用状况的关系更加密切，其研究主要为描述性研究。

爱德华·J·马莱茨基（Edward J. Malecki，2003）着重于数字技术在农村地区发展的潜力和缺陷问题的研究，用数据分析了美国社会一直关注的数字鸿沟问题和电信在居民及商业的使用情况，同时分析了美国农村的数字基础建设情况，包括数字电话交换器等在农村许多地区存在的主要问题。聚集需求是可能的解决方法，但其中有更严重的缺陷即相关的人力资本短缺。这些问题在一些移民返回，带回人力资本的地区也许能够解决。研究指出，最终的提升方法仍然需要关注怎样使网络和电子商务为商业所应用。电信不是"快速固定"地解决农村发展的方法，这些规划的提升方法会受到部分农村地区的限制。

西莫内·塞克奇尼和克里斯托弗·斯科特（Simone Cecchini and Christopher Scott，2003）通过建立模型，论证了信息和传播技术可以增加贫困地区的人民在健康、教育、政府及金融方面的接触度，进而有效降低贫困程度。

斯里基尼蒂·苏巴·劳（Siriginidi Subba Rao，2008）关于印度社会发展中远程计算中心的应用情况的研究，描述了当下印度农村面临的贫困问题，指出政府发展部门需要重新制定政策和规划，应用并积极推动信息发展和传播技术的创新。文章强调了信息和传播技术在印度的地位及社会发展中的作用，分析了远程计算中心稳定发展的具体情况。同时指出，印度的许多信息传播技术缺乏对目标人群的综合规划，没有合适的技术服务农村地区，以薄弱的基础设施建设致力于过大的预期目标，目标难以实现。且指出远程信息中心的建设需要多方支持，政府、私企以及合作创新者，稳定及公共参与的责任感，将大量的人群引入信息世界中来。

埃里克·吉尔伯特、嘉利·K和克里斯琴·桑德韦格（Eric Gilbert，Karrie Karahalios and Christian Sandvig，2008）在相关理论和以前对农村信息需求研究的基础上，展开了新的实证研究，调查了超过 3,000 户农村和城市网络用户。搜集了大量社交媒体的数据，分析了 340,000 例在线交流关系和 200,000 条个人信息。通过实证研究，发现了农村和城市之间的差别，并证实了假设，即乡村用户在网络上只有很少或没有朋友交流，他们更多的是通过与居住较近的朋友联系进行交流。网络设计者需要考虑乡村用户的实际情况建立网络。

柯克·约翰逊（Kirk Johnson，2010）对印度媒介和社会变化进行了研究。在过去，电视对印度人民而言曾是奢侈品，但随着近 10 到 15 年的发展，电视媒介已经从曾经的奢侈品变成了现在的生活常见品，而社会生活更是进入电子信息化的时代。研究主要集中在电视媒介对印度农村传统和生活的影响上。

我国的农村传播是近 30 年的事，从现有的乡村信息传播研究成果看，我国传播学研究多停留在理解和传播国外传播学专家的研究成果上，对本土化信息传播带来的社会整合和变革研究较少，研究方法上主要以描述性研究为主。方晓红（2002）：《经济信息在苏南农村的传播现状调查研究》；安筱鹏（2005）：《中国农业信息化思路与对策》；冯海英、简小鹰（2006）：《以农户为导向的信息需求分析》；高万龙（2004）：《加快贫困地区信息化，推动农业现代化》；耿劲松（2001）：《农民信息需求分析》；郭华（2006）：《浅论我国"知沟"现状及对策》；康松（2006）：《加快推关于进我国农业信息化进程的思考》；旷宗仁（2006）：《中国乡村传播及其优化模式研究》；梅士建（2004）：《关于发展信息农业的理论思考》；李永健、刘富珍（2007）：《农村青少年媒介接触及使用——对山东枣庄农村青少年媒介接触调查》和李永健（2009）：《大众传播与新农村建设研究》等，都是从大众传媒与农民素质建设的关系、农村青少年媒介素养、媒介消费等方面进行了研究，这些研究发现了大众传媒在农村影响和建设中的缺失，但大多都停留在对现象的描述分析上，没有较深入和系统地分析造成这些问题的原因。

近年来，传播学界开始涉足用实证方法研究农村传播问题，如刘瑞桓（2008）：《农村生态传播中的"知沟"现状及对策》；马九杰、赵永华、徐雪亮（2008）：《农村传媒使用与信息获取渠道选择倾向研究》；刘玉花、张丽、王德海（2008）：《农村市场信息失衡分析与对策分析——吉林省Z社区养殖市场信息传播状况调查及启示》；农少林（2010）：《农民科技信息需求分析》；王彦婷、夏光兰（2010）：《新农村建设中安徽省农村信息需求分析》；郭鲁钢、李娟、张红（2011）：《北京地区农民科技信息需求分析》；袁靖华（2011）：《论发展新农村信息传播事业的四大原则——基于嘉善专业农户媒介接触行为调查》；章洁、林羽丰（2011）：《依托媒介信息的农产品销售模式创新与扩散——大众媒介对农产品销售手段的影响》；张艳、刘雪春（2011）：《试析网络媒体在农业信息传播中的有效运用》；张新民（2011）：《中国农业信息化发展的现状与前景展望》；张志华（2011）：《当前电视对农传播的缺失与对策》，赵阳（2001）：《中国农业科研投入的理论分析和政策建议》。

尽管国内传播学开始用实证方法研究农村传播问题，但长期、系统研究大众传播与农村之间的关系的学者非常少，国内目前长期研究农村传播问题主要以方晓红、谭英等为代表。方晓红（2002）关于"苏南农村大众媒介与政治、经济、文化发展的互动关系"的研究，先后进行了江苏农村受众、江苏媒介、苏南农村入户访谈以及南京市城市等四次调查，建立了指标体系，是国内以定量方法研究农村传播问题的代表。方晓红（2002）的《大众传媒与农村》一书，是新中国成立后首次大规模进行的农村实证调研的成果。方晓红（2008）又出版了《农村传播学研究方法初探》，该书对国内传播学界开展定量研究具有先锋性意义。谭英（2006）关于"中国乡村传播实证研究"，主要针对我国中、西、东部27个省、自治区、直辖市地区的农村进行调研，提出了激发农户信息需求意识、建立长效规范农村信息服务机制等建议。

第三节　城乡关系的"四化同步"理论及相关研究

中国共产党第十八次全国代表大会提出："坚持走中国特色新型工业化、信息化、城镇化、农业现代化道路，推动信息化和工业化深度融合，工业化和城镇化良性互动，城镇化和农业现代化相互协调，促进工业化、信息化、城镇化、农业现代化同步发展。"这一战略方针被简称为"四化同步"理论。它是马克思主义在中国的新发展，它为新时期大众传播与城乡统筹的关系提供了科学的理论基础。许多学者在"四化同步"理论的指导下，对中国的城乡关系进行了具体的研究并提出了相应的对策建议。

冯献、李宁辉、郭静利（2014）在《"四化同步"背景下我国农业现代化建设的发展思路与对策建议》一文中，认为我国已进入工业化中期阶段，工业化与信息化不断融合，城镇化快速发展，农业现代化发展进入关键时期。"四化同步"发展，关键在于农业现代化的发展。该文认为农业现代化发展必须按照城乡统筹一体化发展思路，要坚持用新型工业化的理念推进产业化，用新型城镇化的理念推进城乡一体化，用农业现代化的理念推进农村改革以及用现代信息化的理念推进农村技术创新等四个重点方向。

董梅生、杨德才（2014）在《工业化、信息化、城镇化和农业现代化互动关系研究》一文中提出：由于中国首次把信息化上升为国家战略，因此研究工业化、信息化、城镇化和农业现代化互动关系的文献较少。该文采用因子分析法，通过实证研究，取得"四化"的综合评价值，并构建了VAR模型。该文的观点是：长期内城镇化、工业化和信息化都能提升农业现代化水平；短期内只有农业现代化、工业化和信息化是引起城镇化的原因，其他"三化"不存在这种因果关系；滞后一期的"四化"虽然都能有效提升当期"一化"水平，但是自身对自身的影响最大。所以，虽然"四化"还存在融合不够、互动不足、协调不力的问题，但是它们之间相互影响，互为支撑，缺一不可，必须依靠自身同步发展。

徐维祥、陈国亮、舒季君、唐根年（2014）在《基于空间连续性的"四化同步区"形成与演化机理研究》一文中，认为关于"四化同步"发展的研究主要将视角聚焦于单个区域，忽略了空间关联性因素，而该文通过构建跨区域的"四化同步区"研究发现："地区间工业化、信息化、城镇化和农业现代化的互补性有助于'四化同步区'的形成，并具有显著的空间异质性；运输成本与'四化同步区'形成具有正'U型'关系，存在运输成本的阈值使得同步区内次区域间从以空间竞争效应为主向以空间外溢效应为主转换；空间连续性相较于空间跨越更有助于'四化同步区'的形成，这种空间连续性在省内和省际同时存在，但省内连续性要强于省际；当前中国逐步形成了两种'四化同步区'发展模式，并表现出空间边界外拓的趋势，地区间制度的合意性是影响'四化同步区'空间走向的重要因素。"

白雪、雷磊（2014）在《我国城市群"两化"融合水平时空变化分析》一文中，通过建立信息化与工业化融合程度评价指标体系，运用多指标综合评价方法，对2002—2012年我国17个区域性城市群的"信息化"与"工业化"融合水平进行了测算和多角度动态分析。该文认为"区域性城市群'两化'融合程度整体偏低，处于初级融合阶段，但融合水平提升显著，融合综合指数呈逐年增加趋势；融合水平群际分异现象明显，东部城市群要好于中西部城市群；融合层面因素空间表现各异，融合程度指数空间分异最大"。该文从信息资源的利用、人才引进、工业自动化、产业效益等方面，对我国区域性城市群"两化"融合发展提出了相应的政策建议。

张亚斌、金培振、艾洪山（2012）在《中国工业化与信息化融合环境的综合评价及分析》一文中，构建了一个包含6个一级指标和35个二级指标的工业化与信息化融合环境的综合评价体系，利用2005—2009年中国30个省区的数据，运用主成分分析法对各区域的"两化融合"环境水平进行了测算和比较。该文的结论是，外部环境因素的改善有助于提升工业化与信息化的融合速度；从整体上看，中国工业化与信息化融合环境正趋于改善，但提升速度依然缓慢；东、中、西部地区的融合环境改善表现出较严重的不平衡。

张红宇、张海阳、李伟毅、李冠佑（2015）在《中国特色农业现代化：目标定位与改革创新》一文中，认为与先行国家农业现代化不同，中国特色农业现代化有着特殊的内涵。在"四化同步"发展的背景下，中国推进农业现代化的压力更大、要求更高，农业发展的外部环境更加复杂，农业内部也在发生明显变化，这些都大大提升了中国农业发展的目标，增加了中国农业发展的难度。由基本国情所决定，中国建设现代农业要以确保粮食安全为核心，把握"一个定位、两大目标、三项任务"。加快推进中国特色农业现代化，既需要不断加大制度创新的力度，又需要不断改善政策调控，从市场机制和政府作用两个方面，为农业现代化注入强大推力，不断夯实农业基础，促进农业转型升级。

宋周莺、刘卫东（2013）在《中国信息化发展进程及其时空格局分析》一文中，认为自1994年接入国际互联网以来，中国信息化事业得到了快速发展，但各地区之间差异显著。关于中国信息化水平的测定已引起学术界的重视，但主要集中在互联网等单指标层面，关于信息化综合发展水平的区域差异研究还很少。通过建立IDI指标体系和计算模型、相关分析、回归分析、测算变差系数等方法，从宏观和中观区域视角比较系统地剖析了中国信息化发展区域差异的时空格局。研究发现，2000—2010年中国四大板块之间信息化发展水平差异显著，自东向西呈阶梯状分布；中西部地区信息化发展较快，区域之间数字鸿沟有所缩小。从省级层面上看，2000—2010年省与省之间信息化发展水平悬殊，但空间格局有较大变化，数字鸿沟明显缩小。另外，信息化发展与当地社会经济发展紧密相关。

本章小结

本章阐述了城乡统筹发展的研究现状。首先，介绍了经济学关于城乡统筹发展的理论基础，包括马克思主义关于城乡关系的理论、刘易斯的二元经济论、舒尔茨的人力资本理论、哈耶克的知识分工与协调理论，戴梦德、莫腾森和皮萨里季斯的劳动力市场均衡搜寻理论。其次，介绍了传播学关于大众传媒和社会发展关系的相关理论，包括早期勒纳、施拉姆的研究，罗杰斯的创新扩散理论及后来的知沟理论，虽然因产生的时代背景及研究的局限性，这些理论没有专门研究城乡统筹发展，但它们都涉及了知识和信息对城乡发展的重要作用，为本书提供了坚实的理论基础。同时，本章对已有的城乡关系及"四化同步"的主要研究成果进行了分类综述，这些研究成果对本书提供了极高的参考价值。从现有研究看，很少有从知识和信息在城乡之间分布不均衡的角度来研究城乡统筹发展的文献，也很少有从经济学和传播学相结合的角度来研究城乡统筹发展的文献。本书有助于在一定程度上填补这些研究不足，为城乡统筹发展的研究提供新思路。

第三章
大众传媒与经济社会发展的关系

大众传媒是指报纸、期刊、广播、电视和互联网等媒介组织及其活动（笔者已在绪论中对本书中的"大众传媒"作了概念界定），它的基本功能是运用工业化时代的技术成果与手段将广泛的、分散的信息收集、整理出来，有选择地向社会大众进行大规模的信息传播。大众传媒既是经济社会发展的结果，又是经济社会发展的重要动力。大众传媒与经济社会之间是相互联系、相互促进、相互融合的。一方面，经济社会越发达，大众传媒业也就越发达；另一方面，大众传媒业越发达，对经济社会的影响和作用也就越大。大众传媒与经济社会相互作用，其融合的标志是信息经济时代的到来。

第一节 大众传媒对经济社会发展的依赖

大众传媒是经济社会发展的产物，它的产生和发展一方面需要经济社会的发展为其提供物质技术支撑，另一方面需要大众收入和文化素质的提高，中国近代以来大众传媒产生和发展的历史就足以对此进行证明。

一、中国大众传媒产生和发展的历史概括

中国近代最早出现的报纸是鸦片战争前后由外国人创办起来的。1858年，中国人自己创办的最早的报纸《中外新报》是一些受过西方教育的知识分子在香港开办的。到1926年，全国已有报刊628种，其中《申报》《新闻报》的发行量超过10万份。1947年，国统区登记的报纸已达1,781家，发行总量达200多万份。新中国成立以后，大众传媒事业有了巨大的发展，根据2012年统计情况看，全国共出版报纸1,918种，平均期印数22,762万份，总印数482亿份；同期，中国的期刊总数已达9,468种，其中科技类期刊近5,000种。

中国最早出现的广播电台是1923年美国人在华创办的广播电台。中国人自办的广播

电台是 1926 年在哈尔滨设立的。1946 年以后，中国的广播事业突飞猛进。由于广播依靠听力，不需要识字，在文盲较多、面积广阔而居住分散的农村就特别受欢迎。1983 年，中国全国第十一次广播电视会议确立了"中央、省、地、县"四级办广播的方针，全国建立起了 3,000 多座广播电台，县级行政区划的覆盖率达到了 100%。

中国的电视业产生于 20 世纪 50 年代。1958 年 5 月 1 日，北京电视台试验播出，该台于 1978 年 5 月 1 日改名为中央电视台。1958 年 10 月和 12 月，上海电视台和哈尔滨电视台相继试播。到 1978 年，全国省、直辖市、自治区均开办了电视台并播出大众节目。1983 年，中国第十一届全国广播电视会议确立了四级办广播、电视的方针，此后，全国电视台数量大增。20 世纪 90 年代，政府改变了"四级办电视台"的方针，对一些电视台进行合并。到 2013 年，全国共有 277 座电视台，电视覆盖率达 98.42%。

与报纸、期刊、广播、电视等大众传媒相比，互联网在中国的发展可谓一日千里。1987 年 9 月 20 日，中国科学院的钱天白教授发出了我国第一封电子邮件。1993 年 3 月 12 日，朱镕基总理提出和部署"金桥工程"，旨在建设国家公用经济信息网。1994 年，中国成为互联网使用国家。20 年来，中国的互联网飞跃发展。2010 年中国的互联网宽带接入用户为 4,705 万户，2011 年为 12,842 万户，2012 年为 23,280 万户，2013 年为 40,101 万户，2014 年则达到 58,254 万户。短短的五年内，中国的互联网宽带用户增加了 11 倍，创造了世界大众传媒发展史上的奇迹。

从上述大众传媒发展的简要历史概况中可得出如下结论：中国近代大众传媒的发展是同中国近代以来经济社会的发展紧密联系的。从中国近代以来报纸、期刊、广播、电视、互联网产生的先后顺序来看，它经历了一个从低级技术传播手段到高级技术传播手段，从简单信息到复杂信息传播的过程。而这一过程正是中国经济社会从落后到先进的发展过程，从半殖民地半封建社会向社会主义现代化国家迈进的过程。

中国的报纸、期刊、广播、电视和互联网经历了四个发展阶段。一是从 1840 年到 1949 年，中国处于半殖民地半封建社会时期。这一时期，随着西方思想的涌入和近代工业的产生，中国产生了报纸和期刊。尽管民国时期产生了广播，但由于无线电工业不发达，收音机不普及，因而这一期间大众传媒的基本载体是报刊。其基本特点是在城市大众中传播，乡村中极为罕见。二是从 1949 年到 1978 年，中国的大众传媒进入了第二个发展阶段，即报刊和广播并行发展及普及的阶段，这一阶段的基本特点是大众传媒中的报纸和广播由城市延伸到了农村，大众传媒在广大的农村迅速发展起来。三是从 1978 年到 1994 年，中国改革开放初期引进了一大批电视机生产线，极大地促进了中国电视事业的发展。这一时期，中国经济社会发展的显著特点是农村的剩余劳动力开始向城市大规模转移。农民通过电视获得了大量的、直观的知识和信息，进而又促使他们向城市工业、建筑业和服务业转移，从而加速了中国的城市化和工业化进程。四是 1994 年以后，中国进入互联网时代，在这一时期，中国各地的高校几乎普遍开设了计算机系，中国的电子信息工业有了巨大的进步。正是计算机工业的发展和互联网知识在青少年一代中的普及，才促进了以互联网为新媒体代表的大众传媒的发展。

二、 世界主要国家人均收入水平与互联网用户的关系

大众传媒的发展依赖于生产力水平的提高和经济的发展。笔者根据 2014 年《国际统

计年鉴》的资料整理了世界主要国家人均收入和互联网宽带用户之间的关系（见表 3-1）。根据表 3-1 的资料，我们得出以下几点启示：

（1）经济越发达，人均收入水平越高的国家，每千人中宽带用户数越高，大众传媒的代表——互联网越发达。以 2013 收入年为例，世界高收入国家的人均收入是 39,512 美元，每千人中宽带用户是 270.58 个；中等收入国家的人均收入是 4,721 美元，每千人中宽带用户是 64.09 个；低收入国家的人均收入是 664 美元，每千人中宽带用户是 2.58 个。上述事实证明了大众传媒事业的发展程度由经济社会发达程度所决定。

（2）中国的人均收入水平处于中等偏上国家。2013 年，世界中等收入国家的人均收入水平是 4,721 美元，千人中宽带用户为 64.09 个，而中国是 6,760 美元/人，千人中宽带用户是 136.34 个。它表明中国的经济发展和互联网发展正处于从发展中国家向发达国家转化从中等收入向高收入转化的时期。至 2013 年，中国已是世界上宽带用户最多的国家。

（3）在大众传媒中，互联网在 2000 年以后异军突起，发展极快。2000 年，世界平均每千人中宽带用户仅为 3.56 个，2005 年就达到 34.42 个，2013 年则为 94.89 个，2013 年比 2000 年增长了 25 倍多。而同期的世界人均国内生产总值，则从 2000 年的 5,405 美元增长到 2013 年的 10,513 美元，增长仅两倍多。这一事实表明大众传媒的发展虽然与其经济社会发展密切相关，由经济发达程度和生产力水平所决定，但它的发展有相对的独立性，其发展速度可以大大快于经济增长和人均收入增长的速度。

（4）中国互联网的普及水平与世界发达国家互联网的普及水平的差距越来越小，正在追赶世界先进水平。2005 年，世界高收入国家每千人的宽带用户是 135.07 个，而中国 2013 年则为 136.34 个，即中国在 2013 年的互联网普及水平相当于发达国家 2005 年的水平。这表明中国正在通过推动信息化发展，迅速缩小和发达国家的差距。

表 3-1　　　　　　　　　世界人均收入与宽带用户

国家或地区	2013 年人均国民收入（美元）	宽带用户（个）Broadband Subscribers (number)			每千人宽带用户（个/千人）Broadband Subscribers (unit 1,000 persons)		
		2000 年	2005 年	2013 年	2000 年	2005 年	2013 年
世界	10,564	15,890,822	219,953,714	674,358,486	3.56	34.42	94.89
高收入国家	39,512	15,730,181	168,356,942	354,146,569	13.78	135.07	270.58
中等收入国家	4,721	160,641	51,573,368	318,233,030	0.05	11.62	64.09
低收入国家	664		23,404	1,978,887		0.03	2.38
中国	6,560	22,660	37,350,000	188,909,000	0.02	28.33	136.34
中国香港	38,420	444,450	1,659,098	2,215,475	65.02	240.56	307.54
孟加拉国	900			989,521			6.32
柬埔寨	950		1,000	32,648		0.07	2.16
印度	1,570		1,348,000	14,540,000		1.20	11.61
印度尼西亚	3,580	4,000	108,200	3,251,800	0.02	0.48	13.01
伊朗	5,780	176		4,351,202			56.18
以色列	34,120		1,229,626	1,985,000		186.20	256.69

续前表

国家或地区	2013年人均国民收入（美元）	宽带用户（个）Broadband Subscribers（number）			每千人宽带用户（个/千人）Broadband Subscribers (unit 1,000 persons)		
		2000年	2005年	2013年	2000年	2005年	2013年
日本	27,560	854,655	23,301,105	36,664,511	6.80	183.50	288.37
哈萨克斯坦	11,380		2,996	1,907,300		0.20	116.01
韩国	28,920	3,870,000	12,188,024	18,737,125	84.17	259.14	380.35
老挝	1,460		314	9,000		0.05	1.33
马来西亚	10,400		483,100	2,443,100		18.69	82.21
蒙古	3,770		1,800	139,729		0.71	49.22
缅甸			243	95,329			1.79
巴基斯坦	1,380		14,600	1,077,970		0.09	5.92
菲律宾	3,270		123,000	2,572,800		1.43	26.15
新加坡	54,040	69,000	656,200	1,390,800	17.61	145.97	257.00
斯里兰卡	3,170		21,000	423,522		1.05	19.91
越南	1,730		210,024	5,151,400		2.47	56.19
埃及	3,060		140,999	2,674,846		1.96	32.60
尼日利亚	2,760		500	15,045			0.09
南非	7,190		165,290	1,615,210		3.43	30.60
加拿大	52,200	1,410,932	7,004,000	11,709,900	45.96	217.16	332.84
墨西哥	9,940	15,000	1,922,352	13,626,600	0.14	17.36	111.39
美国	53,670	7,069,874	51,156,350	91,342,000	24.84	171.57	285.40
巴西	11,690	100,000	3,233,800	20,190,871	0.57	17.37	100.77
委内瑞拉	12,550	4,473	351,610	2,222,832	0.18	13.16	73.11
捷克	18,060	2,500	709,063	1,823,000	0.24	69.31	170.34
法国	42,250	196,601	9,471,000	24,940,000	3.32	154.14	387.92
德国	46,100	265,000	10,786,800	28,603,463	3.17	128.67	345.76
意大利	34,400	115,000	6,822,210	13,600,396	2.02	116.28	222.99
荷兰	47,440	260,000	4,100,000	6,716,922	16.39	251.50	400.79
波兰	12,960		945,159	5,964,800		24.74	156.08
俄罗斯	13,860		1,589,000	23,734,354		11.04	166.17
西班牙		76,358	5,035,203	11,999,564	1.90	116.05	255.71
土耳其	10,950		1,589,768	8,382,811		23.47	111.87
乌克兰	3,960		130,000	3,994,831		2.76	88.31
英国	39,110	52,890	9,898,653	22,559,353	0.90	164.18	357.31
澳大利亚			2,016,000	5,839,000		98.24	250.14
新西兰		4,658	321,000	1,316,000	1.21	77.65	292.07

资料来源：世界银行WDI数据库

根据以上分析，我们可以看出互联网发展依赖于经济的发展。

第二节　影响大众传媒功能与作用的因素

大众传媒的发展不仅依赖于经济社会的发展,而且对经济社会的发展有强烈的影响和反作用,这在互联网时代特别明显。大众传媒对城乡经济社会的影响和反作用是随着大众传媒形式的变化而不断增强的。

决定大众传媒影响范围和作用大小的因素主要有五个:大众传媒自身结构、经济体制类型、大众传媒受众的文化结构、社会氛围和环境、大众传媒政策体系。

一、大众传媒自身结构

大众传媒自身结构是指构成大众传媒的报纸、期刊、广播、电视、互联网等类型的比例、数量、传播内容及其相互关系。随着经济社会的发展,进入21世纪以来,手机也成了一种大众传媒工具。但由于手机信息基本上是与互联网密切联系的,因而笔者将手机用户与互联网合并论证。无疑,在报纸、期刊、广播、电视和互联网等五种主要大众传媒形式中,它们传播的内容、信息量大小、受众、组成和影响范围是不同的,因而大众传媒结构不同,其影响和作用也就会不同。需要指出的是,随着现代科学技术的发展,报纸、期刊、广播和电视的内容与信息都可以通过互联网实现和获得,而互联网上的信息和内容却无法在报纸、期刊、广播和电视中全部实现和获得。因而在大众传媒自身结构中,互联网用户的比例和数量越大,其对城乡经济社会发展的影响和作用也就越大,也就是说互联网在城乡经济社会发展中,发挥着不可替代的特殊的巨大影响和作用。

二、经济体制类型

经济体制类型是指社会经济管理是采取计划经济管理模式还是市场经济管理模式。在计划经济体制下,受苏联模式的影响,中国的大众传媒不是一种产业,更不是一种生产力,而是上层建筑的组成部分,其影响和作用很有限。它主要作用于人们的思想,而不影响和作用于企业的具体经济活动。在市场经济体制下,大众传媒具有双重属性,既具有上层建筑的性质,如党报和广播、电视中的新闻和时政报道等,又带有生产力的性质,是一种竞争性极强的产业。它不仅影响和作用于人们的思想活动,而且直接影响企业的经营活动,甚至其本身就是一种企业行为,如互联网中的电商等。在市场经济体制下,大众传媒对经济社会的影响是全方位的,比计划经济体制下的影响和作用更为广泛和深刻,它不仅影响经济发展,而且影响政治发展、文化发展、生态发展和社会所有方面的发展。

三、大众传媒受众的文化结构

大众传媒受众和用户的文化结构是指构成大众传媒受众和用户群体受不同教育程度的

比例及其各自的数量。文盲是不懂得阅读报纸、期刊和使用互联网的。在大众传媒的受众和文化结构中，受高等教育和专门教育的人群比例越高、数量越大，则大众传媒对社会的影响和作用也就越大。在报纸、期刊、广播和电视等传统媒体时代，大众仅是被动地接受媒体传播的信息，因而被称为受众。在互联网和手机等新媒体出现以后，传播变成了双向交流，每一个大众传媒的接收者既是受者又是传者。这时，具有双重角色的受众不仅影响着大众传媒以外的社会，而且影响着大众传媒自身的发展和变化。

四、社会氛围和环境

社会氛围和环境是指弥漫在全社会中的价值取向、社会思潮、舆论导向和制度文明的总称，也可以简要理解为社会的文化风气和道德风气，它是社会中人们精神面貌的体现和外化形式。社会氛围和环境是决定大众传媒影响和作用大小、方向的重要因素。

社会信息是海量的，大众传媒不可能将海量的信息机械式地反馈给社会，它有一个选择收集、加工整理、选择传播的过程。这种选择收集和传播，既受大众传媒从业者价值观和专业技能的影响以及制度文明的约束，又受社会文化风气和道德风气的影响。当一个社会处于追求享乐、追求娱乐的文化氛围时，为了追求商业价值，满足这种需求，作为产业化的大众传媒就会选择传播更多追求享乐与娱乐的节目，从而对社会经济发展产生负面的影响；当一个社会处于追求科学、知识和民主的氛围时，那么同样为了满足这种需求，作为产业化的大众传媒则会选择传播更多追求科学、知识、民主的节目，更多积极向上、具备正能量的节目。本质上，社会氛围是大众传媒发展的风向标。

五、大众传媒政策体系

大众传媒政策体系是指由政府制定的，影响大众传媒发展的各种法律、法规和产业政策、城乡区域政策的总和。这些政策的实施对象不仅是大众传媒机构、组织或从业者，同时也涉及大众传媒的受众。如政府实行的电视机下乡政策，给农村居民的电视机消费者一定的财政补贴，从而促进大众传媒的发展，扩大了传媒对农村的影响与作用。

大众传媒政策可以对影响大众传媒功能与作用的各种因素进行调节，从大众传媒自身结构、经济体制、受众文化结构及社会氛围与环境几方面施加影响。这种政策体系也是政府通过大众传媒引导和促进社会经济发展的体现。

第三节 大众传媒对城乡经济社会发展的功能与作用

在经济社会发展的不同历史时期或同一历史时期的不同阶段，大众传媒的自身结构、管理体制、受众文化结构、社会氛围和政府政策是不相同的，因而大众传媒对城乡经济社会发展的功能与作用也是不相同的。在传统媒体时代和新媒体占据显著地位的时代，大众传媒对城乡经济社会发展的功能和作用有着巨大的差别。

一、传统媒体对城乡社会经济发展的功能与作用

新中国成立后的1949年到1994年，是传统的报纸、期刊、广播、电视等大众媒体时代发挥功能与作用的时期。在这一时期，中国大众传媒自身结构如表3-2所示：

表3-2　　　　　　　　　　1950—1994年全国大众传媒概况

年份	杂志		报纸		广播电台（座）	电视台（座）	彩电产量（万台）
	种数（种）	总印数（亿册）	种数（种）	总印数（亿份）			
1950	295	0.4	382	8.0	65		
1960	442	4.7	396	50.9	122	7	
1970	27	0.7	42	46.5	80	31	
1978	930	7.6	186	127.8	93	32	0.38
1990	5,751	17.9	1,444	211.3	239	282	1,033
1994	7,325	22.1	1,953	253.2	296	324	1,689

资料来源：中国统计出版社《新中国五十五年统计资料汇编》，2005

表3-3、表3-4、表3-5反映了同期大众传媒受众结构的变化。

表3-3　　　　　　　　　　1949—1994年全国城乡居民构成

年份	城市人口（万人）	乡村人口（万人）	城市化率%
1950	6,169	49,027	11.2
1960	12,371	54,836	18.4
1970	14,424	68,568	17.4
1978	17,245	79,014	17.9
1990	30,095	84,138	26.3
1994	34,169	85,081	28.7

资料来源：中国统计出版社《新中国五十五年统计资料汇编》，2005

表3-4　　　　　　从1950—1994年全国各级各类学校专任教师数（万人）

年份	普通高校	普通中等学校	普通小学	幼儿园
1950	1.7	8.7	90.1	0.17
1960	13.9	65.9	269.3	134
1970	12.9	121.3	361.2	
1978	20.6	328.1	522.6	27.7
1990	39.5	349.2	558.2	75
1994	39.6	375.7	561.1	86.2

资料来源：中国统计出版社《新中国五十五年统计资料汇编》，2005

表3-5　　　　　　1950—1994年全国各级各类学校招生数（万人）

年份	普通高校	普通中等学校	普通小学	研究生
1950	5.8	74.1	696.6	0.087
1960	32.3	639.7	2,494.3	0.228
1970	4.2	1,420.7	2,831.8	
1978	40.2	2,743.6	3,315.4	10,708
1990	60.9	1,815.8	2,064	29,649
1994	90.0	2,157.6	2,537.0	50,864

资料来源：中国统计出版社《新中国五十五年统计资料汇编》，2005

在 1949 至 1994 年的传统大众媒体时期，报纸、期刊、广播和电视的从业者一般为国有事业单位职工，其管理体制是计划经济体制下的行政管理，其性质是上层建筑的重要组成部分，带有公益性为主的特点，几乎不存在竞争。这一时期，传统大众媒体时代的基本功能是单向传输信息，其影响主要在城市，特别是城市中的知识分子群体和城乡中具有小学以上文化程度的群体。而从作用上来看，一是宣传党和政府的路线、方针、政策、规划；二是报道国内外发生的重大事件；三是宣传社会中的先进典型人物及其事迹；四是传播科学文化知识。总体上看，这一时期的传统大众媒体是起宣传作用和教育作用，对城乡统筹基本上影响很小，对城乡二元结构难以产生实质性的改变作用。

二、 新媒体对城乡经济社会发展的功能与作用

新媒体一般是指互联网及与互联网密切相关的手机信息传播。中国从 1994 年开始进入互联网时代。2014 年，全国发行报纸 484 亿份、期刊 32 亿册，有线电视用户 2.3 亿户，电视节目综合人口覆盖率为 98%。同年，固定互联网宽带接入用户为 20,048 万户，移动宽带接入用户为 58,254 万户，比 2013 年增加 18,093 万户；互联网上网人数为 6.49 亿人，比 2013 年增加 3,017 万人，其中手机上网人数为 5.57 亿人，比 2013 年增加 5,672 万人，中国的互联网普及率已达到 47.9%。人们通过互联网可以在手机上阅读报纸、杂志、收听广播及收看电视，互联网已经集传统媒介功能于一身。无论是从上网人数规模还是从发展速度来看，从 2014 年起，中国都已是世界上第一大互联网使用大国，已完全进入新媒体时代。

新媒体和传统媒体相比，具有下述明显差异：

首先，1992 年党的"十四大"将中国经济体制改革的目标模式定为社会主义市场经济体制，1992 年以前中国实行的是计划经济体制。传统大众传媒是在计划经济体制下产生和发展起来的，新媒体是在社会主义市场经济体制下产生和发展起来的。正因为如此，传统大众媒体带有明显的上层建筑性质。随后在进入市场经济以后，传统媒体向产业方向发展，兼具了事业和产业两种属性；而新媒体从一产生开始，就定位于一种产业，就是一种以盈利为目的的经营活动。在新媒体时期，不但新媒体与新媒体之间，而且新媒体与传统大众媒体之间、传统大众媒体与传统大众媒体之间都展开了强烈的竞争。

其次，新媒体的基本功能已从传统大众媒体的单向信息传输功能向双向信息交流功能转变。新媒体的使用者，既是受者，又是传者。新媒体可以将分散于城市和乡村中广阔区域的零散信息搜集、整理、传播，这一基本功能特点使其能广泛地、全方位地、持久地影响城乡统筹的发展。

再次，和传统大众媒体相比，新媒体除了通过信息传播影响城乡经济社会发展之外，还具有下述功能与作用：

(1) 信息收集的作用与功能；
(2) 信息储存的作用与功能；
(3) 信息加工、整理的作用与功能；
(4) 信息超越国界和行政区域传播的功能；
(5) 信息传者和受者相互沟通的作用与功能；

（6）协调、组织受者和传者的行为的作用与功能；

（7）产品设计和生产的作用与功能；

（8）生产要素与产品的交易、结算的作用与功能。

上述作用与功能将极大地促进城乡统筹中的经济建设、政治建设、文化建设、社会建设和生态文明建设。新媒体对城乡统筹的作用在本质上就是互联网的作用，是信息化的体现。

在经济建设领域，互联网的发展将极大地促进信息化与城市化、工业化和农业现代化的深度融合；互联网也将极大地改变人们的消费习惯、消费方式、消费结构，创造更大的需求空间；同时，互联网将进一步引导各种生产要素在城乡之间的合理流动，促进产业结构调整和产业升级；最后，互联网将通过信息的跨国界传输，促进对外开放。

在政治建设领域，互联网的发展至少可以在以下四个方面促进城乡统筹：

（1）通过遍布全国城乡的电子政务，满足大众对政府公共信息的需求，通过电子化办公提高政府办事效率，减少行政成本，方便企业和老百姓办事。

（2）通过互联网信息的收集，及时、系统、全面地了解和把握舆情，了解和把握人民大众的政治意愿与看法，制定出符合人民利益的政策。

（3）互联网的发展也为大众提供了一个向政府表达、交流、沟通自身诉求和情感的公共平台，扩大了大众的政治参与度。同时，互联网也为普通城乡大众的维权提供了新的方式，有助于推进社会主义民主政治建设。

（4）互联网的发展将有助于政府转变职能，能够使其从文山会海中解放出来，及时把握国际和国内发展的最新形势，建立现代化国家治理体系。

在文化建设领域，互联网的发展将促进各种电子书库的建立，促进各类电子期刊、报纸的产生，促进多种文化娱乐平台的创办，从而极大地丰富城乡大众的精神文化生活，广泛地普及现代科学文化知识，为更多的城乡居民提供新的学习和受教育机会。互联网的储存功能和加工功能，将使传统文化的保存和传承更为系统和科学，不仅能保存和传承浩如烟海的文献资料，而且能保存和传承巨量的图像资料、声音资料和动态活动。互联网的开放性将有助于引进世界各国的先进文化，促进中外文化的交流与融合。互联网的发展还将推动大众传媒的变革和文化创意产业的升级。

在社会建设领域，互联网的发展将促进各类社会制度的完善。例如，首先，完善社会保障制度，使城乡居民的养老保险、医疗保险、失业保险等打破区域、城乡界限，实现异地领取、使用和结算。再者，通过对身份证登记制度的完善，方便城乡大众的出行和居住等。互联网上建立的各种社交平台也将改变人们的交流方式和社会结合方式，密切人们的社会联系。

在生态建设领域，互联网的发展不但可以促进国土资源的普查和对各种生态灾害的监控，还可以发布各种生态保护和生态建设的制度与政策，指导政府与企业、城乡居民的行为。当然还可以通过互联网建立良好的生态舆论环境。

综上所述，以互联网为代表的大众媒介将在城乡统筹中发挥巨大的作用，为中国的城乡统筹提供新的动力，开辟新的途径。

本章小结

　　本章从大众传媒对经济社会发展的依赖、影响及大众传媒功能与作用的因素、大众传媒对经济社会发展的功能与作用三方面，阐释了大众传媒与经济社会发展的关系。首先，沿着历史追根溯源，通过对中国大众传媒产生和发展的历史回顾，证明中国近代大众传媒的发展是同近代以来经济社会的发展紧密联系的。同时通过世界主要国家人均收入水平与互联网用户的关系证明了互联网时代，网络的发展仍依赖于经济社会的发展；其次，本章论证了大众传媒的功能与作用又受到传媒自身结构、经济体制、受众文化程度、社会氛围和环境、大众传媒政策体系的影响；最后，从传统媒体和新媒体两个阶段论述了大众传媒对经济社会发展的功能与作用。

第四章
大众传媒在城乡传播的特点和规律

在漫长的历史进程中，城乡关系经历了城市起源、城乡分离、城乡对立、城乡差别四个发展阶段。城市和乡村存在明显的二元结构和显著的环境差异，今天的中国正处在通过城乡统筹促进城乡差别向城乡融合发展的过渡时期。大众传媒在城乡之间的传播，也就必然受到客观条件的影响，有着显著差异，也体现了其自身的特点和规律。本章将对这些问题进行分析与讨论。

第一节 大众传媒在城乡之间有"源"和"流"的区别

大众传媒在城市是信息源，在乡村是信息流。这是一种形象的说法。在此本意是说城市是大众传媒的生产地、供给源，当然城市也是大众传媒的需求地、消费地，而乡村仅是大众传媒的需求地和消费地。大众传媒在城乡传播的途径是从城市流向农村。形成这种差异和特点的基本原因如下：

一、城市是大众传媒的信息源

在城乡关系问题上，马克思和恩格斯有过系统、深刻的论述，他们在《德意志意识形态》一书中指出：物质劳动和精神劳动的最大的一次分工，就是城市和乡村的分离。城乡之间的对立是随着野蛮向文明的过渡，部落制度向国家的过渡、地方局限性向民族的过渡而开始的，它贯穿着文明的全部历史直至现在。在《共产党宣言》中，他们进一步指出：思想的历史除了证明精神生产随着物质生产的改造而改造，还能证明什么呢？任何一个时代的统治思想都不过是统治阶级的思想。这些论述给我们以深刻启示：大众传媒生产的是精神产品，精神产品生产的基础是物质生产。城市比农村先进，城市是物质产品生产中心，它也就必然是精神产品生产中心。

自从城市产生以后，城市便首先成为人口居住中心，成为统治阶级和城市居民居住的地方。统治阶级的宫殿、政府机构、法庭等上层建筑机构是建筑在城市里的，各种制度、法令是在城市里产生并发出的，各种政治活动也主要是在城市里展开的，因而城市成为政治信息源。

何为城市？字面上看，市是集市，是商业交易场所；城是城墙，是军事设施。城市就是用军事设施保卫商业集市和其他政治设施。商业是社会分工发展的结果，商业的发展和交易的扩大又促进了手工业在城市集中。手工业和商业的进一步发展，又促进了工场手工业的产生和发展，进而产生了近代的工厂。城市是现代工业、现代服务业集中的地方，是交通枢纽、交易中心，也是财富储蓄中心，是现代经济活动的主要中心，因而也就成为经济信息源。

在文化领域，各种图书馆、博物馆、展览馆、纪念馆、大剧院、音乐厅和研究机构等，一般都设立在城市里，各种科学、文化或艺术活动也一般在城市里进行。从教育方面来看，大学一般设立在城市里，尽管近年来有少数大学搬迁离开城市而设立在郊区，但它改变不了绝大多数高等教育设施、教师和学生在城市里集中的客观事实。既然城市是文化中心，它也就成为了文化信息源。

归根结底，大众传媒是关于大众活动的信息收集、整理、选择和传播的媒体，而大众是向城市集中的，这是一个在世界各国和古今历史进程中表现出来的一般规律。

在经济学领域，有一个著名的配第—克拉克定理。人们称之为产业结构变动规律和人口转移规律。早在17世纪，英国经济学家威廉·配第（William Petty）就首先发现了世界各国国民收入水平的差异关键在于产业结构的差异。与农业相比，从事工业的收入要高得多；与工业相比，从事商业的收入还要高。随着人均国民收入水平的提高，人口和劳动力首先由农业向第二产业转移，第二产业主要包括工业和建筑业。当人均国民收入进一步提高时，劳动力便向第三产业转移。之后的英国经济学家克拉克（John Bates Clark）也发现了这一规律。配第与克拉克的研究认为：随着人均国民收入水平的提高，从事农业的人数趋于下降，农业劳动力在全社会劳动力中的比重会越来越小，从事第二、第三产业的劳动力比重会越来越大。美国经济学家库兹涅茨（Simon Smith Kuznets）继承了配第和克拉克研究的成果，利用统计资料从国民收入与劳动力在三个产业间的分布研究了产业结构变化与经济增长的关系，得出了农业部分的收入和农业劳动力的比重均处于下降趋势；工业部门的收入和劳动力比重开始时是上升的，上升到一定阶段后将大体保持不变，而第三产业的劳动力比重会不断上升，但收入比重与劳动力比重并不保持同步上升的结论。配第、克拉克和库兹涅茨等经济学家的研究揭示了在经济社会的历史发展进程中人口和劳动力的转移规律，揭示了城市化进程中人口和劳动力从乡村向城市转移的方向和动力。

新中国成立以后，中国的城市化率在不断上升。所谓城市化率，就是城市人口占全部人口的比重。改革开放以前，中国的城市化率虽然在上升，但速度并不快；改革开放以来，中国的城市化率不但在上升，而且速度很快，出现了乡村劳动力大规模向城市转移，从农业向第二、第三产业转移的现象（表4-1）。

表4-1　　　　　　　　　中国城市化率变化状态　　　　　　　　　（万人）

年份	城市人口	乡村人口	总人口	城市化率%
1949	5,765	48,402	54,067	
1953	7,826	50,970	58,796	13.3
1957	9,949	52,704	64,653	15.3

续前表

年份	城市人口	乡村人口	总人口	城市化率%
1960	13,073	53,134	66,207	19.7
1965	13,045	59,493	72,538	20.0
1970	14,424	68,568	82,992	16.4
1975	16,090	70,390	92,420	17.4
1980	19,140	79,565	98,705	19.4
1985	25,094	80,757	105,851	23.7
1990	30,095	84,138	114,333	26.3
1995	35,174	85,947	121,121	29.0
2000	45,006	80,837	126,743	35.2
2004	54,283	75,705	129,988	41.8
2010	69,079	65,656	134,735	51.3
2014	74,916	61,866	136,782	54.8

资料来源：①中国统计出版社《新中国五十五年统计资料汇编》，2005
②2010、2014年资料来源于政府统计公报

理论和实践表明：人口从乡村向城市转移是一个客观规律。在城乡统筹中，城市作为政治、经济、文化中心的地位不会改变，因而作为信息源的地位也不会改变。

二、大众传媒网络由城市向乡村逐步扩展

媒介，古已有之。中国古代的《邸报》、古罗马的《每日纪闻》是报纸最早的雏形，但是在当时的生产力条件下，这种公告式的"报纸"主要供统治阶级阅读，传播范围小、受众极其有限。人类社会进入工业化社会以来，大众传媒才迅速发展起来。大众传媒产生的历史证明大众传媒产生于城市。从报纸、期刊、广播、电视、互联网产生的过程来看，无论是国外还是中国，它们都是在城市产生并首先在城市传播，然后再向乡村扩散的。这不仅因为大众传媒自产生以后便逐渐发展成一种现代产业（现代产业必须依托于城市），同时也因为大众传媒的传播依赖于一定的网络。当网络能够覆盖至乡村时，它才能在乡村得以传播。

就报纸、期刊的传播来看，它依赖于铁路、公路、轮船、飞机等交通网络所能达到的地点和覆盖的乡村范围，在那些交通网络不能覆盖的地方，报纸、期刊就难以迅速传播而只能通过人工携带、传递。就广播、电视的传播来看，它依赖于广播、电视网的建立和覆盖。至于互联网，就更加依赖于网络系统的建立和覆盖率，而这种覆盖率是从城市向乡村逐步扩展的。广播、电视、互联网等大众传媒不仅依赖于发射装置、传播网络，而且依赖于终端用户的接收设备，例如收音机、电视机、计算机就是终端用户的接收设备。在市场经济条件下，接收设备不是无偿获得，这些需要购买的接收设备与经济收入密切相关，而经济收入在城乡之间则存在着巨大的差异。

大众传播在城乡之间表现为"源"和"流"的差异，是大众传媒在城乡传播的规律之一，也是它在城乡传播的重要特点。我们不能改变这种客观规律，但是我们可以认识这种客观规律，并利用这种客观规律为城乡统筹发展服务。

大众传媒在城市表现为信息源，在乡村表现为信息流，但它绝不是像水源和光源那样。水源和光源可以自发地扩散到周围空间，扩散到周围空间的水量和光量之和等于水源

和光源发出的总量,每一个局部区域只能得到很少的一部分。然而,与水源和光源不同,城市作为信息源发出的信息在每一个乡村区域都可以重复使用,也都可以全部得到。我们可以利用这种大众传媒信息在城乡之间的传播规律,统筹城乡发展,这也是促进城乡之间享有均等信息的客观依据。

第二节 人内传播和人际传播的城乡差异

人内传播和人际传播是传播的基本类型,也是传播学的重要概念。按照郭庆光《传播学教程》中的定义:所谓人内传播也叫内向传播或自我传播,是指个人接受外部信息并在人体内部进行处理的活动;所谓人际传播是个人与个人之间的信息传播活动。二者在城乡之间有着显著的差异和特点。这种差异和特点主要体现在对外部信息的选择、利用和扩散上。

一、人内传播在城乡之间的差异

人内传播是一个能动的意识和思维活动的心理过程。心理是人脑的机能,是客观事物及其联系在人脑中的主观的、能动的反映。人们的心理包括心理活动和个性心理两方面,如下图所示:

$$
\text{心理}\begin{cases}\text{心理活动}\begin{cases}\text{认识活动:感觉、知觉、记忆、思维}\\\text{情感活动:喜、怒、哀、乐}\\\text{意志活动:接纳、抛弃、坚持、反对}\end{cases}\\\text{个性心理}\begin{cases}\text{个性心理倾向:需要、动机、兴趣、爱好、理想、信念}\\\text{个性心理特征:气质、性格、能力}\end{cases}\end{cases}
$$

显然,城乡居民的心理活动和个性心理是有很大差异的。决定这种心理差异的主要因素是城乡居民的受教育程度、生活环境和收入差异。首先,城市居民的受教育程度远高于农村。据第六次全国人口普查资料显示,全国大学以上文化程度的人口比例为8.9%、高中14%、初中39%、小学27%、文盲4%。在上述人口构成中,高中以上文化程度的人口比重在城市约为40%,而在农村不到8%。由于城市居民的受教育程度普遍比农村居民高,因而对外部信息的选择范围更宽,更容易接受科技含量、文化含量高的信息。对于同一信息,由于城乡居民受教育程度不同,理解也就不同。人们接受信息,并不是机械地复制,而是要通过自己的头脑和已有的知识进行再创造、再加工。城乡居民受教育程度的差异,使得这种再创造、再加工过程也有着很大的区别。其次,城乡居民的生活环境和从业环境存在巨大差异。城市居民居住在社区里,被浓厚的工商业环境和政治、文化氛围所包围,对于政治、文化、工商业等非农业和农村信息表现出极大的关心和注意;而农村居民居住在乡村,被传统的农业氛围所包围,对与自身相关的农业、农村、农民等三农问题信息表现出极大的关心和注意。再次,由于城乡居民的收入差异,其信息需求也就表现出显著差异。按照美国心理学家亚伯拉罕·H·马斯洛(Abraham H. Maslow)的需求层次理论,人们的需求从低到高分为五个层次,分别是:

第一层次：满足生理上的需要，如吃、穿、住、用的需要等；

第二层次：满足安全上的需要，如治安环境健康、工作稳定、社会保障良好等；

第三层次：满足情感和归属的需要，如获得和谐的爱情、亲情、友情等，有一定的社交等；

第四层次：满足受社会尊重的需要，如获得某种社会荣誉或奖励等；

第五层次：满足自我价值实现的需要，如实现个人的理想、抱负等。

在上述五种需求中，第一、二、三层次需要是低级的，第四、五层次需要是高级的，只有低层次的需要得到满足后，人们才会追求更高层次的需要。人的需要是从低级到高级不断发展的过程，在人生的每个发展时期，都会表现出某一层次的需要占主导地位，而每个层次的需要又与经济收入和所处社会地位密切相关。例如，在现阶段的中国城市居民，对出国旅游表现出极大的需求，而农村居民则不会，大多数农村居民则对稳定、完善、充足的社会保障表现出极大的需求愿望。

这种认知活动、兴趣爱好、需求动机等城乡心理差异是城乡居民人内传播差异的原因，也是其重要表现。

二、 人际传播在城乡之间的差异

人际传播是人与人之间交往的重要组成部分，是人的社会关系的表现。人际传播有两种形式：一种是面对面的语言传播，一个人将知道的信息告诉另一个人；另一种是借助于手机、书信等媒介，一个人将信息传递到另一个人。在中国广大的农村，居民的住所非常分散，特别是在广大的山区，由于交通不便，人际交往非常之少。即使有少数农民居住在村镇，但由于村镇的社交场合不多，仅在赶场或婚丧等特定日期，才能实现有限的人际交流，从而实现信息的人际传播。中国农村的另一个特点是以家族为纽带的社会关系，它决定了人际传播主要是在家族成员之间进行。同时，农村的小生产特点是以家庭劳动为基础，它不需要大量的社会协作关系就能独立地生产出产品，而在城市，则恰好相反。城市的人际传播比农村更广泛、复杂，也更密切、及时。这主要是因为：第一，城市人口密度大，集中居所，社会交往场合多；第二，人际关系复杂，家族交往已成为社会交往的很小一部分；第三，与他人的社会协作关系成为城市居民赖以生存的条件。

第三节　城市的组织传播与农村的非组织传播

大众传播在中国城市一般表现为组织传播和非组织传播两种基本途径，而在中国农村一般表现为非组织传播一种途径。笔者认为中国城乡都纳入了统一的政治组织之中，大众传播的新闻等政治内容都是有组织地进行传播的。这里探讨的组织，主要是指经济组织，中国农村一般表现为非组织传播。这是因为城市居民一般都生活在一个经济组织之中，即使是个体工商户也大都纳入行业协会、市场协会或社区组织之中，而农村居民一般则以家庭联产承包责任制为基础从事个体生产，未纳入经济组织。因此，确切地说，大众传播在城市表现为产业组织传播，在农村表现为非组织传播。

何谓组织？所谓组织是人们为实现共同目标而在统一领导之下从事各自不同的分工任务并展开彼此协作的利益共同体。例如，城市中的每一个企业或事业单位就是一个组织。组织有以下特点：

（1）组织有统一的领导和一定时期要实现的目标或完成的任务，有确切的功能，如生产某种产品或提供某种服务。

（2）组织中的每一个人仅承担部分职责或局部功能并与他人协作，与协作成员之间有密切的分工与交流。

（3）组织有上下级或同级之分，实行垂直管理。

（4）组织是一个独立、完整的信息系统。组织的上下级之间、平级之间，通过信息的传输与接收实现组织的目标、任务与功能。信息的传输与接收的形式是多样的，可以通过召开各种会议进行任务布置，也可以通过书面文件或口头表达，还可以通过电话或互联网实现信息的传输与接收。信息的传输与接收手段越先进，组织的现代化程度也就越高。对于一些跨区域、跨国的大企业或大公司来说，互联网便成了主要的信息传输与接收手段。

（5）组织一方面有自己独立、完整的信息系统，另一方面还会有选择地接收大众媒体的信息。因为大众媒体不仅要传播政府的公共政策、经济形势，还会传播企业和产业的发展动向，传播消费者的社会需求和愿望等。组织会将选择接收的信息向组织的领导者、部分成员或全体成员进行再传播。例如，当政府通过大众传媒公布某项与企业组织有关的政策时，该企业会在接收后组织企业部分或全体员工学习。当然，员工也会单独接收来自大众传媒的此类信息。再如，当大众传媒报道一个食品企业因质量问题而被处罚甚至导致破产时，一般情况下，类似的其他食品企业会引起警觉，组织本企业员工进行讨论。当然，本企业员工也可能从大众传媒直接、单独获知此信息。企业组织对大众传媒信息的传播本质上就是对信息的二次传播或再传播。

组织的特点表明，大众传媒在城市表现为组织传播和非组织传播两条基本途径，而在农村则表现为非组织传播一条基本途径。城市的组织传播使信息在城市中具有二次传播效应、放大效应和密切的反馈效应。

第四节　影响城乡大众传播差异和特点的因素及改善途径

大众传媒在城市表现为信息源，在乡村表现为信息流，信息从城市流向乡村，从经济社会发达的地区流向经济社会欠发达的地区，这是城乡大众传播的基本规律。我们不能改变客观规律，但是可以调节影响城乡大众传播差异和特点的因素，缩小大众传播在城乡之间的差异，促进城乡经济社会统筹协调发展。

根据上文所述，影响城乡大众传播差异和特点的因素主要有以下六个方面：

（1）城市是政治、经济、文化中心，乡村从属于城市；

（2）城市居民受教育程度普遍高于农村，使大众传媒的人内传播存在显著差异；

（3）城市居民收入远高于农村居民收入，在大众传媒发展为产业的条件下，城市居民通过市场获得的信息远多于农村居民；

（4）城市是人口密集居住区，乡村是人口分散居住区，这一条件使城市大众传媒的人际传播远优于乡村；

（5）大众传播依赖于交通网络和电讯网络、互联网络，城市密集的交通网络和电讯网络、互联网络使信息在城市传播更多、更快。

（6）城市居民的经济组织以企业为基础，而农村居民则主要以分散的家庭联产承包责任制为基础，农村缺乏组织传播。

在上述六个方面的影响因素中，我们很难改变城市是政治、经济、文化中心这一客观事实，也很难改变大众传媒信息主要由城市流向农村，由经济社会发达地区流向经济社会欠发达地区这一客观规律，但可以通过调节和影响城乡居民的受教育程度、收入水平、乡村居民分散居住状况、城乡交通和互联网覆盖密度、城乡组织状况等五大因素来缩小大众传媒在城乡之间的差异。

对于城乡居民的受教育程度差异，可以通过以下几个方面改善和缩小：第一，加快实施普及12年制义务教育工程，减少乡村中文化素质低的人口；第二，改善乡村中小学办学条件，提高乡村入学青少年学习水平；第三，在乡村开展继续教育等多种形式的教育，提高现有农村居民文化素质；第四，在乡村普及互联网知识。

对于缩小城乡居民收入差异，主要是通过发展现代农业和建设社会主义新农村来改善农业生产条件和农民生活条件，缩小城乡劳动生产率差异。

对于居住分散的乡村居民，则可以通过建设现代化的村和镇，引导他们集中居住。现代交通工具的发展和乡村公路网络的建设使得农民由分散居住变为集中居住可以变为现实。

对于交通网络、电讯网络、互联网络在城乡实现全覆盖已经没有多少技术和经济上的困难，本文作者相信在不久的将来就会在中国变为现实。

对于城市的组织传播和乡村的非组织传播，本质上是实现乡村经营主体的变革，即引导以一家一户分散经营的农民实现农业生产的现代化，像城市企业一样从事农业生产。当然，如何将农民融合在一个现代化经济组织之中是一件比较困难的事，它已经超出了本研究的研究范围。但是，在农村实现组织生产是一种客观趋势，也是乡村现代化的希望所在。

当上述六个方面的影响因素在城乡变得大致相同的时候，大众传播在城乡传播的差异就会极大地缩小，大众传播在城乡传播的特点也将改变。当然，大众传媒在城乡的均衡传播也必将极大地缩小城乡差异，促进城乡的统筹协调发展。

本章小结

本章揭示了大众传媒在城乡传播的特点和规律，以"源"和"流"的关系作比喻，道出了城市是大众传媒信息源，大众传媒网络由城市向乡村逐步扩展的规律。同时，从人内传播、人际传播、组织传播的角度分析了大众传媒在城乡之间传播的差异。最后分析了影响城乡大众传媒差异和特点的因素，并提出了改善建议。

第五章
城乡二元结构的现状

中国城乡二元结构不是在中国计划经济体制下产生的，在 1949 年新中国成立之前就已存在。自有文字的历史以来，城乡差别就存在着并日益扩大。城乡二元结构也不是中国特有的现象，世界各国都曾有过二元结构这一发展阶段，只不过随着经济的发展和社会的进步，发达国家的二元结构已逐步消除，发展中国家的"二元经济结构"却仍然存在。

当手工业和商业从农业中分离出来以后，便产生了城市，城是指城墙，是军事防御设施；市是指集市，是商品交易中心和手工业中心。随着商品经济的不断发展，城市便日益成为政治中心、军事中心、文化中心和经济中心，各种政治的、军事的、文化的、经济的资源便向城市日益集中，乡村便成了发展农业的场所和农民居住的地方。城市成为政治、军事、文化、经济中心以后，社会的中上层和统治阶级便主要生活在城市（西欧的地主庄园是一个例外），农村则主要是农民和地主居住，这样财富的分布便在城乡之间表现出巨大的差异，城乡收入也表现出巨大的差异。由于国家的税收主要来自于乡村，但税收的集中和使用在封建社会基本上是用于城市，因此，不但城乡收入差距扩大，城乡发展条件的差距也不断扩大，城乡二元结构在封建社会里就产生了。在封建社会，城市不但是财富中心，而且是知识中心和信息中心，是知识源和信息源。乡村通过书籍、告示和有限的人员流动从城市获得很少的知识与信息，这又反过来加剧了城乡差别的扩大。进入资本主义社会以后，现代工商业在城市产生并在城市发展壮大，从而在城市形成了由机器技术和知识与信息相结合的现代工业与现代服务业，而农村仍是传统的手工劳动占据统治地位，农民种地也主要是凭借传统经验，早期的资本主义社会和发展中国家也都没有能力改变这种二元结构。

中国是由半殖民半封建社会迈入社会主义社会的。1949 年，中国的农业产出占全国总产出的 80％以上，农业人口也占全国的 80％左右，是一个非常典型的二元结构国家。尽管城乡二元结构的形成和发展与城乡产业的生产力水平和生产发展条件密切相关，但现在研究城乡统筹的学者却常把它归结为"制度因素"。本文认为最主要的原因就在于在计划经济体制下形成的户口制度限制了农村人口的自由流动，从而也就巩固和加剧了历史上形成的城乡"二元经济结构"。这种城市二元经济结构不但与社会共同富裕、追求公平、正义的宗旨不符，而且成为阻碍中国现代化进程的关键因素。

第一节 城乡收入差距及城乡劳动生产率差距现状

一、城乡收入差距的现状

2013 年，全国城乡居民可支配人均收入、农村居民人均纯收入和城乡居民收入比如表 5—1 所示：

表 5-1 城乡收入差别 (元/人)

地区	城镇人均可支配收入（元）	农村人均纯收入（元）	城乡居民收入比
全国	26,955.10	8,895.91	3.03/1
北京	40,321.00	18,337.45	2.20/1
天津	32,293.57	15,841.05	2.04/1
河北	22,580.35	9,101.90	2.48/1
山西	22,455.63	7,153.50	3.14/1
内蒙古	25,496.67	8,595.73	2.97/1
辽宁	25,578.17	10,522.69	2.43/1
吉林	22,274.60	9,621.21	2.32/1
黑龙江	19,596.96	9,634.14	2.03/1
上海	43,851.36	19,595.00	2.24/1
江苏	32,537.53	13,597.77	2.39/1
浙江	37,850.84	16,105.97	2.35/1
安徽	23,114.22	8,097.86	2.85/1
福建	30,816.37	11,184.15	2.76/1
江西	21,872.68	8,781.47	2.49/1
山东	28,264.10	10,619.95	2.66/1
河南	22,398.03	8,475.34	2.64/1
湖北	22,906.42	8,866.95	2.58/1
湖南	23,413.99	8,372.13	2.80/1
广东	33,090.05	11,669.31	2.84/1
广西	23,305.38	6,790.90	3.43/1
海南	22,928.90	8,342.57	2.75/1
重庆	25,216.13	8,331.97	3.03/1
四川	22,367.63	7,895.33	2.83/1
贵州	20,667.07	5,434.00	3.80/1
云南	23,235.53	6,141.31	3.78/1
西藏	20,023.35	6,578.24	3.04/1
陕西	22,858.37	6,502.60	3.52/1
甘肃	18,964.78	5,107.76	3.71/1
青海	19,498.54	6,196.39	3.15/1
宁夏	21,833.33	6,930.97	3.15/1
新疆	19,873.77	7,296.46	2.72/1

资料来源：2014 年《中国统计年鉴》，城乡收入比根据该年鉴数据计算而来

对表 5-1 进行分析，我们可以得出以下几点结论：

第一，城乡收入差别在全国普遍存在，都在 2∶1 以上，只不过东、中、西三大区域城乡差别的程度不同。北京、天津、上海三大直辖市的城乡收入差别都在 2.5∶1 以下，而重庆的城乡收入差别在 3.03∶1，是四大直辖市中最大的。全国东部区域的北京、天津、上海、河北、辽宁、山东、江苏、浙江、福建和海南，除广东省外，城乡人均收入比都在 3∶1 以下；中部区域的黑龙江、吉林、江西、湖北、河南五省的城乡人均收入比在 3∶1 以下，山西、安徽、湖南三省的城乡收入比则在 3.5∶1 以下；西部的重庆、西藏、青海、宁夏四省区市的城乡人均收入比在 3∶1 以上，而贵州、云南、陕西、甘肃的城乡人均收入比都在 3.5∶1 以上，是中国城乡收入差别最大的地方。国际上把表现贫富差距的基尼系数的警界值定为 4，贵州等四个省的城乡收入差距比已超过了 4∶1。表 5-1 显示出重庆的城乡收入差距在全国处于中等水平，具有典型性和代表性。

在我国东、中、西三大区域中，东部经济最发达，中部居中，西部最落后，表 5-1 显示出我国东部区域的城乡收入差距较小，西部区域的城乡收入差距较大，也就是说越发达的地方城乡收入差距越小，越不发达的地方城乡收入差距越大，城乡收入差距与经济发展水平密切相关。

第二，不但城乡人均收入存在巨大差距，城市与城市居民收入之间也存在巨大差距。2013 年，上海城市居民的人均可支配收入为 43,851 元，在全国排名第 1 位；重庆的城市居民人均可支配收入为 25,216 元，在全国排名第 12 位；甘肃的城市居民人均可支配收入在全国 31 个省区市中排最后一位，为 18,964 元，上海与甘肃城市居民收入之比为 2∶3∶1，就是说城市之间也存在巨大收入差距。

第三，农村居民的收入之间也存在巨大差距。2013 年，上海市农村居民的可支配收入在全国最高，为 19,565 元。甘肃省农村居民的人均纯收入最低，为 5,007 元。农民人均纯收入上海与甘肃之比为 3.9∶1，超过了全国城乡收入比的平均值 3∶03 的 29%。上海农民与重庆农民的人均纯收入差距也很大，比值为 2.34∶1。

以上结论告诉我们：城乡差别是全国的一个普遍现象，重庆的城乡收入差别在全国居于中等水平，具有典型代表意义。统筹城乡发展不仅要缩小城乡居民收入的差距，还要缩小城市与城市居民之间以及农村与农村居民之间的收入差距水平。重庆统筹城乡发展、缩小城乡居民的收入差距是在城市居民和农村居民收入的绝对额都增长的前提下缩小城乡差别。统筹城乡发展的过程既是缩小城乡差别的过程，也是一个追赶发达地区，缩小和发达地区的差距的过程。

二、城乡劳动生产率差距的现状

城市存在现代产业，农村存在传统产业。城市的现代产业包括工业、建筑业和服务业，农村的传统产业是指农业，由于城市中现代产业的劳动生产率远高于农村中传统产业的劳动生产率，因而形成在城市中从事现代产业的从业者的收入远高于在农村中从事传统产业的从业者的收入的现象，这是形成城乡收入差别最主要和最根本的原因。

表 5-2 列出了中国各地区按三个产业划分的生产总值，表 5-3 列出了中国各地区按三个产业划分的就业人员数。

$$\text{地区产业劳动生产率} = \frac{\text{产业地区生产总值}}{\text{地区产业从业人数}}$$

表 5-2　　　　　　　　　　　　地区产业结构　　　　　　　　　　　　（亿元）

地区	地区生产总值	第一产业	第二产业	工业	建筑业	第三产业
北京	19,500.56	161.83	4,352.30	3,536.89	815.41	14,986.43
天津	14,370.16	188.45	7,276.68	6,678.60	598.08	6,905.03
河北	28,301.41	3,500.42	14,762.10	13,194.76	1,567.34	10,038.89
山西	12,602.24	773.81	6,792.68	6,032.99	759.69	5,035.75
内蒙古	16,832.38	1,599.41	9,084.19	7,944.40	1,139.79	6,148.78
辽宁	27,077.65	2,321.63	14,269.46	12,510.27	1,759.19	10,486.56
吉林	12,981.46	1,509.34	6,858.23	6,033.35	824.88	4,613.89
黑龙江	14,382.93	2,516.79	5,918.22	5,090.34	827.88	5,947.92
上海	21,602.12	129.28	8,027.77	7,236.69	791.08	13,445.07
江苏	59,161.75	3,646.08	29,094.03	25,612.24	3,481.79	26,421.64
浙江	37,568.49	1,784.62	18,446.65	16,368.43	2,078.22	17,337.22
安徽	19,038.87	2,348.09	10,403.96	8,928.02	1,475.94	6,286.82
福建	21,759.64	1,936.31	11,315.30	9,455.32	1,859.98	8,508.03
江西	14,338.50	1,636.49	7,671.38	6,434.41	1,236.97	5,030.63
山东	54,684.33	4,742.63	27,422.47	24,222.16	3,200.31	22,519.23
河南	32,155.86	4,058.98	17,806.39	15,960.60	1,845.79	10,290.49
湖北	24,668.49	3,098.16	12,171.56	10,531.37	1,640.19	9,398.77
湖南	24,501.67	3,099.23	11,517.35	10,001.00	1,516.35	9,885.09
广东	62,163.97	3,047.51	29,427.49	27,426.26	2,001.23	29,688.97
广西	14,378.00	2,343.57	6,863.04	5,749.65	1,113.39	5,171.39
海南	3,146.46	756.47	871.29	551.11	320.18	1,518.70
重庆	12,656.69	1,016.74	6,397.92	5,249.65	1,148.27	5,242.03
四川	26,260.77	3,425.61	13,579.03	11,578.55	2,000.48	9,256.13
贵州	8,006.79	1,029.05	3,243.70	2,686.52	557.18	3,734.04
云南	11,720.91	1,895.34	4,927.82	3,767.58	1,160.24	4,897.75
西藏	807.67	86.82	292.92	61.16	231.76	427.93
陕西	16,045.21	1,526.05	8,911.64	7,507.34	1,404.30	5,607.52
甘肃	6,268.01	879.37	2,821.04	2,225.22	595.82	2,567.60
青海	2,101.05	207.59	1,204.31	970.53	233.78	689.15
宁夏	2,565.06	222.98	1,264.96	944.50	320.46	1,077.12
新疆	8,360.24	1,468.29	3,765.97	3,024.27	741.70	3,125.98

资料来源：按三个产业分地区生产总值（2013年）本表绝对数按当年价格计算，指数按不变价格计算

表 5-3　　　　　　各地区按三个产业划分就业人员数（2013年底）

地区	就业人员（万人）	第一产业	第二产业	第三产业	构成（合计=100）		
					第一产业	第二产业	第三产业
全国	76,977.0	24,171.0	23,170.0	29,636.0	31.4	30.1	38.5
北京	1,255.1	65.7	263.8	925.6	5.2	21.0	73.7
天津	507.3	77.7	209.4	220.2	15.3	41.3	43.4
河北	3,899.7	1,483.6	1,214.7	1,201.4	38.0	31.1	30.8
山西	1,599.6	635.8	419.4	544.5	39.7	26.2	34.0

续前表

地区	就业人员（万人）	构成（合计＝100）					
		第一产业	第二产业	第三产业	第一产业	第二产业	第三产业
内蒙古	1,142.5	558.0	193.3	391.2	48.8	16.9	34.2
辽宁	2,190.0	694.4	559.6	936.0	31.7	25.6	42.7
吉林	1,184.7	516.6	239.7	428.4	43.6	20.2	36.2
黑龙江	2,060.4	855.1	459.5	745.9	41.5	22.3	36.2
上海	1,137.4	46.4	446.1	644.9	4.1	39.2	56.7
江苏	4,759.9	956.7	2,042.0	1,761.2	20.1	42.9	37.0
浙江	3,708.7	507.0	1,853.4	1,348.4	13.7	50.0	36.4
安徽	4,275.9	1,469.7	1,169.2	1,637.0	34.4	27.3	38.3
福建	2,555.9	616.0	999.3	940.6	24.1	39.1	36.8
江西	2,588.7	820.9	824.1	943.8	31.7	31.8	36.5
山东	6,580.4	2,086.0	2,270.2	2,224.2	31.7	34.5	33.8
河南	6,387.0	2,563.0	2,035.0	1,789.0	40.1	31.9	28.0
湖北	3,692.0	1,582.0	793.8	1,316.2	42.8	21.5	35.7
湖南	4,036.5	1,656.0	964.5	1,415.9	41.0	23.9	35.1
广东	6,117.7	1,405.1	2,563.5	2,149.1	23.0	41.9	35.1
广西	2,782.0	1,478.0	529.0	775.0	53.1	19.0	27.9
海南	514.6	222.5	65.3	226.9	43.2	12.7	44.1
重庆	1,683.5	580.9	452.2	650.4	34.5	26.9	38.6
四川	4,817.3	1,955.8	1,254.5	1,607.0	40.6	26.0	33.4
贵州	1,864.2	1,179.8	264.3	420.1	63.3	14.2	22.5,
云南	2,912.4	1,615.3	384.6	912.5	55.5	13.2	31.3
西藏	205.5	92.8	28.9	83.8	45.2	14.1	40.8
陕西	1,576.6	779.0	322.4	475.2	49.4	20.4	30.1
甘肃	1,504.97	891.86	241.55	371.56	59.26	16.05	24.69
青海	314.2	120.7	77.0	116.6	38.4	24.5	37.1
宁夏	351.3	167.1	60.4	123.8	47.6	17.2	35.2
新疆	1,096.6	506.4	178.8	411.5	46.2	16.3	37.5

资料来源：2014年《中国统计年鉴》

根据表5-3和表5-4的数据，计算出各地区城乡产业劳动生产率，见表5-4。

表5-4　　　　　　　　　　城乡产业劳动率及比值

序号	地区	城市产业劳动率		乡村产业劳动生产率	城乡产业劳动生产率比值	
		第二产业	第三产业	第一产业	二产/一产	三产/一产
1	北京	164,985	161,910	24,632	6.7	6.6
2	天津	347,501	313,580	24,254	14.3	12.9
3	河北	121,529	83,560	23,594	5.2	3.5
4	山西	161,962	92,484	12,171	13.3	7.6
5	内蒙古	469,953	157,177	28,663	16.4	5.5
6	辽宁	254,994	112,036	33,434	7.6	3.4
7	吉林	286,117	107,701	29,217	9.8	3.7
8	黑龙江	128,806	79,745	29,434	4.4	2.7
9	上海	179,959	208,483	27,886	6.5	7.5

续前表

序号	地区	城市产业劳动率		乡村产业劳动生产率	城乡产业劳动生产率比值	
		第二产业	第三产业	第一产业	二产/一产	三产/一产
10	江苏	142,479	150,024	38,109	3.7	3.9
11	浙江	99,527	128,581	35,203	2.8	3.7
12	安徽	88,984	38,405	15,977	5.6	2.4
13	福建	113,228	90,457	31,436	3.6	2.9
14	江西	93,088	53,302	19,935	4.7	2.7
15	山东	120,793	101,246	22,736	5.3	4.5
16	河南	87,501	57,521	15,837	5.5	3.6
17	湖北	153,333	71,408	19,584	7.8	3.6
18	湖南	119,408	69,815	18,715	6.4	3.7
19	广东	114,794	138,145	21,690	5.3	6.4
20	广西	129,736	66,728	15,856	8.2	4.2
21	海南	133,531	66,944	34,006	3.9	2.0
22	重庆	141,481	80,599	17,502	8.1	4.6
23	四川	108,243	57,598	17,515	6.2	3.3
24	贵州	122,719	88,878	8,723	14.1	10.2
25	云南	128,135	53,675	11,734	10.9	4.6
26	西藏	101,286	51,066	9,354	10.8	5.5
27	陕西	276,416	118,003	19,590	14.1	6.0
28	甘肃	104,196	49,337	12,319	11.8	7.0
29	青海	156,442	59,118	17,205	9.1	3.4
30	宁夏	209,430	87,005	13,344	15.7	6.5
31	新疆	210,637	75,973	28,998	7.3	2.6

注：本文假定第二、第三产业全部集中于城市，第一产业全部集中于农村

对表5-4进行分析，可以得出如下结论：

（1）城乡产业劳动生产率差距在全国31个省市区中普遍存在，城市产业劳动生产率远高于农村产业劳动生产率，第二产业劳动生产率高于第三产业，第三产业高于第一产业。城乡第二产业和第一产业劳动生产率差距最大的区域是内蒙古，其比值达到16.4；城乡第三产业和第一产业劳动生产率差距最大的区域是天津，其比值达到12.9。这种城乡产业劳动生产率差距验证了刘易斯的《二次经济论》的结论：城市存在现代产业，农村存在传统产业，现代产业的劳动生产率远高于农村中传统产业的劳动生产率。

（2）除内蒙古这一特例外，东部地区的第二产业劳动生产率高于中部地区，中部地区第二产业劳动生产率高于西部地区。

（3）东部地区第三产业的劳动生产率也高于中部地区，中部地区第三产业劳动生产率高于西部地区。

（4）经济越欠发达的地区，城乡产业劳动生产率的差距越大。例如，西部地区的贵州、云南、陕西、甘肃、宁夏、西藏、内蒙古等区域城乡第二产业和第一产业的劳动生产率差距均在10倍以上；东部城乡产业差距普遍在7倍以下。

（5）重庆第二产业和第一产业的劳动生产率比值为8.1，第三产业和第一产业的劳动生产率比值在4.6，居于城市产业差距的平均值附近，因而具有代表性。

第二节 城乡收入差距与城乡劳动生产率差距的内在联系

城乡收入差距与城乡劳动生产率差距之间存在着内在的因果关联，在区域分布上也表现出一致性，农村居民收入与农业劳动生产率之间的趋势关系如表5-5、图5-1所示。

表5-5　　　　　　　　　　农村居民收入与农业劳动生产率

序号	地区	农村居民纯收入 Y	农业劳动生产率 X	序号	地区	农村居民纯收入 Y	农业劳动生产率 X
1	北京	11,669	24,632	17	湖北	19,584	18,179
2	天津	8,688	24,254	18	湖南	18,715	10,497
3	河北	5,150	23,594	19	广东	21,690	13,082
4	山西	4,244	12,171	20	广西	15,856	9,342
5	内蒙古	4,938	28,663	21	海南	34,006	20,442
6	辽宁	5,928	33,434	22	重庆	17,502	9,254
7	吉林	5,266	29,217	23	四川	17,515	10,381
8	黑龙江	5,207	29,434	24	贵州	8,723	4,546
9	上海	12,483	27,886	25	云南	11,734	6,382
10	江苏	8,004	38,109	26	西藏	9,354	6,928
11	浙江	10,007	35,203	27	陕西	19,590	8,998
12	安徽	4,504	15,977	28	甘肃	12,319	6,720
13	福建	6,690	31,436	29	青海	17,205	8,760
14	江西	5,075	19,935	30	宁夏	13,344	9,279
15	山东	6,199	22,736	31	新疆	28,998	17,843
16	河南	4,807	15,837		均值	9,556	21,892

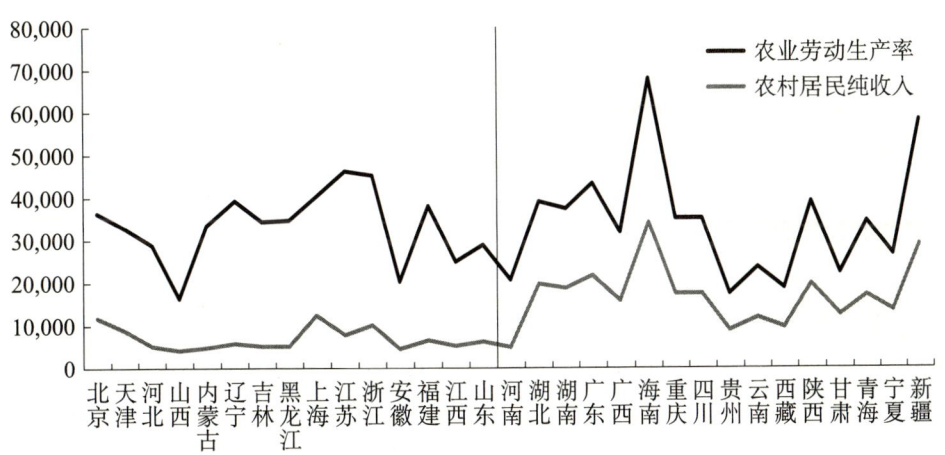

图5-1　农村居民收入与农业劳动生产率的区域差异

从图 5-1 可知，中国农村居民收入与农业劳动生产率的关系存在区域差异，图中竖线左侧省市农村居民收入与农业劳动生产率的关系不明显，其相关系数 r=0.369。而竖线右侧省市农村居民收入与农业劳动生产率存在显著相关关系，其相关系数 r=0.658。这一现象可以用表 5-5 中城乡收入比来解释，竖线左侧省市城乡收入比普遍低于竖线右侧省市的城乡收入比。其本质原因在于优先发展的东部和东北地区的农业劳动生产力得到了有效释放，农业人口转移，农业生产正逐步实现现代化，农业劳动生产率的提高对农民收入的边际效率逐步减小。然而中西部地区农业现代化水平还很低，农业劳动生产率的提高对农民增收具有显著影响。因此，竖线右侧省市反映的农村居民收入与农业劳动生产率关系，可以用一元回归方程为 $y=a+bx$ 和相关系数 r 表示。

$$y=1.03x+5\,575.11$$

$$r=\frac{N\sum xy-(\sum x)(\sum y)}{\sqrt{[N\sum x^2+(\sum x)^2][N\sum y^2-(\sum y)^2]}}$$

$$=0.658$$

自由度为 N-2=14，对应的双位显著性水平为 0.006，小于 0.01 的显著性水平。因此，变量 X 和 Y 之间较高正相关关系，即农村居民纯收入和农村农业劳动生产率线性正相关，即农村农业劳动生产率越高，农村居民纯收入也越高。

城乡收入差别与城乡产业劳动生产率差别之间存在必然的因果关系。影响城乡产业劳动率差别的因素又是什么呢？是产业发展条件。而产业条件可以归为两类：一类是物质生产资料，一类是劳动者。无论是物质生产资料，还是劳动者，都需要凝聚一定的知识和信息。现代物质资料不过是知识和信息的物化形式；现代的劳动者也必须掌握一定的知识和信息。只有劳动者所掌握的知识和信息与现代产业中物质资料所凝聚的知识与信息相匹配时，二者才能有机结合形成一定的生产力。城市中的现代产业是掌握了现代知识与信息的劳动者与现代物质资料的结合。农村中的传统产业是掌握传统生产经验的农民与农村中传统的农业生产资料的结合。从这个意义上说，本研究把哈耶克的知识分工理论扩展到城乡统筹方面，城乡问题的实质就是知识与信息在城乡之间的不均衡分布和传播。

第三节　全国统筹城乡试验区——重庆城乡二元结构的现状与特征

一、重庆城乡收入与区域农民收入

重庆从 1997 年建立直辖市以来，农民收入一直增长较快，1997 年的农民人均纯收入为 1,692.36 元，2009 年增加到 4,478.35 元，农村居民恩格尔系数亦从 1997 年的 65.8% 下降到 2009 年的 49.1%。2006—2007 年人均纯收入增长 22.1%，2007—2008 年人均纯收入增长 17.6%，年均增长 214 元。与此同时，重庆 1997 年城乡居民人均纯收入比为 3.1∶1，随后不断扩大，到 2006 年达到 4∶1，2009 年这一比值为 3.8∶1，城乡收入差距在直辖以来被进一步拉大。图 5-2 和表 5-6 反映了直辖以来重庆农村人均纯收入和城乡居民收入差异的变化情况。

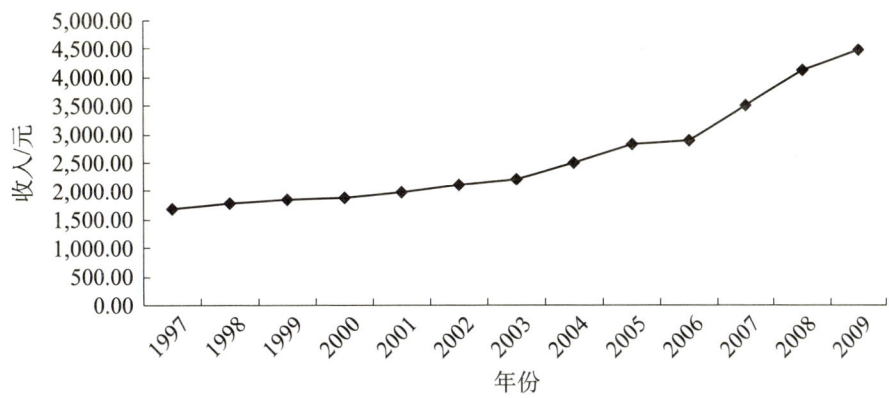

图 5-2 《重庆统计年鉴 2010》、重庆统计局调查队资料

表 5-6　　　　　　　　　　重庆市主要年份城乡居民收入比较表　　　　　　　　　　（元）

	1997	2000	2003	2005	2006	2007	2008	2009
城镇	5,302	6,176	8,093	10,244	11,569	13,715	15,708	17,191
农村	1,692	1,892	2,214	2,809.3	2,873.8	3,509.3	4,126.2	4,478.4
城乡收入比	3.1	3.3	3.7	3.6	4.0	3.9	3.8	3.8

数据来源：《重庆统计年鉴 2010》

重庆城乡居民收入之间不但存在巨大差距，区域与区域之间的农民收入也存在巨大差距（表 5-7）。

表 5-7　　　　　　　　　重庆"一圈两翼"农民收入差距情况表　　　　　　　　　（元/人）

区　域	2011	2012	2013
重庆	6,480.41	7,383.27	8,332
一小时经济圈	8,339.35	9,490.18	11,511
渝东北	5,977.62	6,868.49	7,782
渝东南	5,347.36	6,124.33	6,945

2013 年，全国农民的平均纯收入是 8,895.91 元，重庆一小时经济圈的农民平均纯收入是 11,511 元（2013 年一小时经济圈农民收入为都市功能核心区、都市功能拓展区、城市发展新区水平的平均值），比全国平均水平高 29.39%。而渝东北的农民人均纯收入是 7,782 元，比全国平均水平低 12.5%；渝东南农民平均纯收入是 6,945 元，比全国平均水平低 21.93%（表 5-8）。

表 5-8　　　　　　2013 年重庆 40 个区县农民（渝中区无农民）人均纯收入　　　　　　（元/人）

区县	农民纯收入	区县	农民纯收入	区县	农民纯收入
大渡口区	13,220	南川区	9,384	忠　县	8,849
江北区	13,335	綦江区	9,631	云阳县	7,236

续前表

区县	农民纯收入	区县	农民纯收入	区县	农民纯收入
沙坪坝区	13,135	潼南县	9,508	奉节县	6,746
九龙坡区	13,145	铜梁县	11,331	巫山县	6,265
南岸区	14,016	大足县	10,440	巫溪县	5,826
北碚区	11,240	荣昌县	10,849	黔江区	7,060
渝北区	10,575	璧山县	11,618	武隆县	7,633
巴南区	10,600	万州县	8,618	石柱县	7,765
涪陵区	8,998	梁平县	8,999	秀山县	6,647
长寿区	10,120	城口县	5,843	酉阳县	5,832
江津区	11,279	垫江县	9,234	彭水县	6,723
合川区	10,970	丰都县	7,861		
永川区	11,313	开县	8,238		

资料来源：《重庆统计年鉴2014》

2013年，区县农民纯收入中，最高的是南岸区，为14,016元；最低的是巫溪县，为5,826元。两者之间的极差为8,154元，极值比为2.39。这表明：重庆二元结构的特点不仅在于城乡之间收入差距很大，区域之间收入差距也很大。重庆统筹城乡发展的任务不仅需缩小城乡之间的收入差距，而且要缩小"一小时经济圈"和渝东南、渝东北两翼之间的区域差距。

二、重庆农民收入的构成及其来源渠道

全国农民的人均纯收入和重庆农民的人均纯收入主要由工资收入、经营收入、转移收入和财产收入四大部分构成（表5-9、表5-10）。

表5-9　　　　　2007—2009年重庆农民纯收入构成　　　　　（元/人）

年份	农民人均纯收入		工资收入		经营收入		转移收入		财产收入	
	数量	比重	数量	比重	数量	比重	数量	比重	数量	比重
2007	3,509.29	100	1,559.3	44	1639.8	47	286	8	43	1
2008	4,126.21	100	1,764.6	43	2,016.6	49	294	7	50.9	1
2009	4,478.35	100	1,919.7	43	2,111.6	47	379	8	67.8	2

资料来源：国家统计局重庆调查总队综合统计数据库

表5-10　　　　　2012—2013年重庆农民纯收入构成　　　　　（元/人）

年份	人均纯收入		工资收入		经营收入		转移收入		财产收入	
	数量	比重	数量	比重	数量	比重	数量	比重	数量	比重
2012	7,383.27	100	3,400.77	46	2,975.31	40	831.63	11	175.56	2
2013	8,331.97	100	4,089.15	49	3,136.47	38	871.66	10	234.68	3

表5-10反映出重庆农民纯收入的90%是由工资收入和经营收入两项构成。工资收入是重庆农村剩余劳动力外出打工的收入，经营收入是重庆农民从事农业生产经营的收入。2008年，重庆农民纯收入与全国和东部地区的上海、江苏、山东相比如表5-11所示：

表5-11				2008年中国农民纯收入构成				（元/人）
	工资收入		经营收入		财产收入		转移收入	
	数量	比重	数量	比重	数量	比重	数量	比重
全国	1,853.7	38.9	2,435.6	51.2	148.1	3.1	323.2	6.8
重庆	1,764.6	42.8	2,016.6	48.9	50.9	1.2	294	7.1
上海	8,108.3	70.9	711.3	6.2	849.8	7.4	1,770.9	15.5
江苏	3,895.5	53	2,812	38.2	253.5	3.4	395.5	5.4
山东	2,263.5	40.1	2,963	52.5	163.9	2.9	251.1	4.5

资料来源：《中国农村统计年鉴2009》

表5-11反映出全国农民纯收入的主要来源渠道也是工资收入和农业生产经营收入。重庆农民的工资收入与上海相比，仅是上海的22.2%；重庆农民的经营收入与山东省比，仅是山东的68%。

从表5-10和表5-11的农民人均纯收入构成分析，统筹城乡发展、改变城乡二元结构的基本途径有两条：一条途径是转移农村剩余劳动力，提高农民的工资收入；另一条基本途径是发展现代农业，提高土地单位面积产出，提高农民生产经营收入。

从农村剩余劳动力转移来看，2009年重庆外出务工经商的农民，总人数约814.7万人；其中在重庆外务工经商的农民约425万人，占52%，在重庆主城区和区县务工经商的农民约389.7万人，占48%。未来10年内，重庆市农村剩余劳动力还会继续转移。

从重庆市和山东省土地单位面积产出来看，则如表5-12所示：

表5-12		重庆和山东省土地单位面积产出				（公斤/亩）
种类 地区	稻谷	小麦	玉米	油料	蔬菜	
重庆	524	205	360	111	1,377	
山东	563	384	438	2,870	3,337	

资料来源：《山东统计年鉴2009》《重庆统计年鉴2009》

表5-12显示出重庆发展现代农业，提高土地单位面积产出还有很大潜力。

三、互联网对推进重庆城乡统筹的作用

重庆的城镇化在全国具有一定的代表性，本书以重庆的发展为案例，探讨互联网在城镇化中的作用。

1. 重庆区域发展的主线是加快推进城市化进程

重庆有3,000万人口，8.2万平方公里土地，是多山地、丘陵的区域。该区域有少数民族地区、国家级贫困县、老革命根据地，同时也有经济较为发达的主城区和经济较为落后的渝东北生态涵养发展区、渝东南生态保护发展区，二元经济结构明显。重庆未来的区域发展将重庆确定为功能各不相同的五大区：即都市功能核心区、都市功能拓展区、城市发展新区、渝东北生态涵养发展区和渝东南生态保护发展区。前三个区域虽然突出了城市，但并不是单指城市的发展，而是在突出、优化城市功能、布局的前提下，推进城乡一体化发展；后两个区域也不是单纯强调生态保护，而是在突出生态保护的前提下推进城市化进程。新型城市化进程是城市化、工业化、信息化和农业现代化四化的统一。加快推进

城市化进程是五大功能区的共同任务，而渝东南、渝东北两大区域的首要任务是在建设美丽中国的大背景下将生态环境放在更突出的位置，在生态保护的前提下推进新型城市化进程。

2011年，重庆38个区县的城市化进程如表5-13所示：

表5-13　　　2011年重庆各区县常住人口、城镇人口和城市化率　　　（万人）

区县	常住人口	城镇人口	城镇化率
全市	2,884.62	1,529.55	53.0
渝中区	63.01	63.01	100.0
大渡口区	30.10	28.05	93.2
江北区	73.80	67.25	91.1
沙坪坝区	100.00	90.06	90.1
九龙坡区	108.44	93.93	86.6
南岸区	75.96	68.37	90.0
北碚区	68.04	50.18	73.8
渝北区	134.54	98.59	73.3
巴南区	91.87	66.93	72.9
万盛区	25.58	18.54	72.5
双桥区	5.01	4.66	93.1
涪陵区	106.67	59.52	55.8
长寿区	77.00	40.83	53.0
江津区	123.31	68.62	55.7
合川区	129.30	72.15	55.8
永川区	102.47	58.28	56.9
南川区	53.43	25.50	47.7
綦江县	80.10	32.86	41.0
潼南县	64.00	24.71	38.6
铜梁县	60.01	24.90	41.5
大足县	67.12	26.86	40.0
荣昌县	66.13	27.12	41.0
璧山县	58.60	24.64	42.1
万州区	156.31	85.97	55.0
梁平县	68.75	23.58	34.3
城口县	19.30	4.90	25.4
丰都县	64.92	22.40	34.5
垫江县	70.45	24.14	34.3
忠县	75.14	24.74	32.9
开县	116.03	41.64	35.9
云阳县	91.29	29.36	32.2
奉节县	83.43	26.93	32.3
巫山县	49.51	14.86	30.0
巫溪县	41.41	10.51	25.4
黔江区	44.50	17.40	39.1
武隆县	35.10	11.58	33.0

续前表

区县	常住人口（万人）	城镇人口	城镇化率
石柱县	41.51	13.42	32.3
秀山县	50.16	15.06	30.0
酉阳县	57.81	13.76	23.8
彭水县	54.51	13.74	25.2

数据来源：《重庆统计年鉴2012》

按照国家的总体规划，到2020年全国的城市化率平均为60％。重庆是西部地区的增长极、长江上游的经济中心、城乡统筹的直辖市，其城市化率的目标应当高于全国平均水平。这里暂按高于全国平均水平计算，到2020年重庆各区域的农村剩余劳动力转移数量如表5-14所示：

表5-14　　　　　重庆未来可转移农村人口与城市化率

区县	可转移农村剩余人口（万人）	城镇化率
渝中区	0.0	100
大渡口区	0.54	95
江北区	2.88	95
沙坪坝区	4.90	95
九龙坡区	9.11	95
南岸区	3.80	95
北碚区	11	90
渝北区	22.47	90
巴南区	15.71	90
万盛区	3.19	85
双桥区	0.095	95
涪陵区	9.81	65
长寿区	9.24	65
江津区	11.47	65
合川区	11.90	65
永川区	8.30	65
南川区	6.57	60
綦江县	15.21	60
潼南县	13.70	60
铜梁县	11.10	60
大足县	20.00	70
荣昌县	12.56	60
璧山县	16.35	70
万州区	15.60	70
梁平县	17.67	60
城口县	5.29	60
丰都县	16.55	60
垫江县	18.10	60
忠县	20.36	60
开县	27.96	60
云阳县	25.38	60

续前表

区县	可转移农村剩余人口（万人）	城镇化率
奉节县	23.11	60
巫山县	14.85	60
巫溪县	14.33	60
黔江区	9.30	60
武隆县	9.48	60
石柱县	11.50	60
秀山县	15.06	60
酉阳县	20.93	60
彭水县	18.97	60
合计转移人口	542.77	72

注：表5-14系根据表5-13测算

表5-13和表5-14显示出加快城市化进程是各区县共同的任务。除渝中区外，各区县都有一个转移农村剩余人口的问题。互联网在农村剩余人口转移过程中发挥着不可替代的独特作用。由于互联网是信息传播的主要载体，是信息化建设的重要组成部分，而信息化建设又是在新型城市化进程中与工业化、农业现代化四位一体紧密相连的，因此充分发挥互联网在农村剩余人口转移中的作用是新型城市化进程的客观要求，也是区域发展的重要内容。

2. 互联网在重庆区域发展中发挥着以下作用

（1）政策导向作用

在重庆区域发展中，城市化是主线，农村剩余人口向城市转移是突出问题。但是农民及农民工向城市转移不仅是职业的转变，同时也是生活方式、生活环境的转变，面临着身份、户口、土地、住房问题、子女入学、工作、社会保障等问题。他们既对向城市转移充满希望，也害怕风险，迫切需要了解党和国家的方针政策，特别是当地政府的具体政策规定和办事程序。这些具体的政策规定和办事程序，传统媒体很难表现出来。虽然地方政府大多开设了网站，实行电子政务办公，但大多数农民受操作计算机的技能限制，同时也受计算机网络普及的限制，并没有从互联网上获得充分的信息。互联网在农村剩余人口转移过程中还没有充分发挥其作用。突出的例子是在户籍改革中，许多已转移进城的农民对政府的户籍改革的具体规定并不充分了解，甚至产生户籍改革就是征收农民土地的误解。

（2）求职导向作用

经济学中有一条著名的配第—克拉克定理：当人均国民收入提高后，劳动力将由第一产业向第二产业转移；当人均国民收入进一步提高时，劳动力将从第一、第二产业向第三产业转移，其总体趋势是农村人口和农业人口所占比重下降，城市人口和工业、服务业人口比重上升。理论研究和实际情况都表明农村剩余人口向城市转移既是必然趋势，也是一条客观规律。

农村剩余人口向城市转移，农民首先要在城市找到工作，要在工业、建筑业或服务业中就业。中国沿海地区城市发达、就业机会多，但并不是沿海每个城市都很发达，每个行业都能找到工作。农民向哪里转移，向哪个行业转移，哪个单位在招工，现今这些信息一般都在互联网上发布，因而互联网可以说承担着农民和农民工求职中的绝大部分功能。

（3）农民创业的引导作用

随着中国东部地区劳动密集型产业向西部地区转移和重庆投资环境的进一步改善，重庆外出打工的农民返乡创业的人数越来越多，规模也越来越大。返乡创业需要了解中国现在哪些产业、哪些行业的生产能力过剩，否则产品投产以后会因为需求不足而卖不出去。同时也要了解当地的土地、房屋和雇用人员的工资水平以及当地政策等。这些信息农民工从何处获得呢？还是从互联网上获取最为便捷。在农民返乡创业过程中，互联网充分发挥着引导功能。过去凭着感觉和经验创业的时代已经一去不复返。

（4）职业技能培训和提高的作用

农民进城务工和返乡创业都需要专门的职业技能。互联网不但有传承知识的功能，也有职业培训和技能提高的功能。例如，对于留在农村从事农业的农民来说，他们不但可以通过互联网了解国内外各种粮食、蔬菜、水果、蛋奶、肉禽等农产品的价格，还可以通过互联网学习各种农作物的栽培技术。国外的经验表明：互联网在职业技能培训上可以发挥很好的作用。然而，对于重庆市的大多数农民和农民工而言，由于受教育程度偏低，他们没有机会接受计算机操作和应用的培训。同时，由于农民的收入较低，大多数农村家庭没有计算机，也使他们丧失了使用互联网的途径。重庆城市居民收入之比在 3.2∶1，2011 年重庆农村居民人均纯收入却不到 8,000 元。

（5）旅游业促进作用

重庆渝东北生态涵养发展区和渝东南生态保护发展区有着非常丰富、得天独厚的旅游资源。渝东北奉节的天坑地缝、巫山红叶、小三峡等，渝东南的酉阳桃花源、武隆仙女山等旅游景点都是重庆富有潜力的旅游资源。古代与现代结合，人文景观和自然景观共存，完全有条件发展为世界级的著名旅游目的地。但是由于开发不够，宣传不够，旅游业远未成为三峡库区的主要产业。

在旅游业的发展中，可以通过互联网展示当地旅游景观的价值，大力宣传这些旅游胜地。同时，可以通过旅游网站主页的完善和建设，完善旅游基础信息服务。例如通过互联网查询交通线路、预订旅馆等，还可以促使过境旅游向休闲度假旅游转变。

（6）生态环境建设和保护的促进作用

渝东北和渝东南区域发展的首要任务是保护生态环境。渝东北重在保护水源，渝东南重在保护山林。保护生态环境需要环境立法、制度建设、工程措施，也需要道德建设，这涉及每一个部门、每一个人。互联网在生态保护中可以起到很好的宣传作用，对于重大生态破坏事件和重大污染事件能及时报道，引起社会关注，从而达到保护生态环境的目的。例如中央电视台《焦点访谈》栏目报道了许多生态环境遭到破坏的事件，这些事件之所以能得到及时有效的处理，很大程度上归功于媒介的影响力。新闻曝光使环境破坏这一恶劣事件得到了全社会的关注和监督。而互联网由于普及率高，在环境保护的宣传和监督方面比电视等传统媒体更能引起广泛的关注，发挥其作用。

（7）互联网在区域发展中还能发挥重要的维权作用

加快城市化进程既是一个产业升级过程，也是一个社会转型过程。在这一过程中，会出现大量社会的矛盾。互联网既能发挥"正能量"，促进矛盾的解决，也能将局部矛盾放大为全社会的矛盾，产生"负能量"。发挥互联网的民主监督作用需要立法，但这不是本书要探讨的问题。本书要表明的是在城市化进程中，互联网一方面可以对某些官员和违法者产生监督作用，同时也可以对弱势群体的合法权益保障起到呼吁和支持作用。比如，征地农民的合法合理补偿问题，建筑公司拖欠农民工资问题，生产资料中的假冒伪劣商品问题等，这些问题经互联网曝光后容易引起公众注意，进而促进政府相关部门采取措施对农民和农民工权益进行保障。

（8）互联网可以起到了解社会需求和利益要求的调查作用

传统的报纸、杂志、电视、广播等媒体仅具有单向传播的功能，很难做到实时双向交流，而互联网的重要特点就是实现双向交流。政府既可以通过设立网站收集市民、农民、农民工的各种需求意愿、政策建议，也可以通过互联网快捷地开展民意调查，还可以通过互联网在有条件的地方召开视频会议。互联网的双向交流功能使其可以成为区域与区域之间、城乡之间、政府和民众之间、民众与民众之间的桥梁与纽带。

当然，互联网在区域发展中的作用远比上述内容广泛、深远，本书仅针对现阶段重庆区域发展中互联网对农民和农民工产生的主要作用而言。

本章小结

本章通过对城乡二元结构的现状分析，揭示了城乡收入差别在全国的普遍性。城乡收入差别不仅体现在城市与农村之间，而且体现在东、中、西部的城市与城市之间，农村与农村之间。造成城乡收入差别的根本原因在于城市中的现代产业的劳动生产率远高于农村传统产业的劳动生产率。现代物质生产资料不过是知识和信息的物化形式。现代的劳动者必须掌握一定的知识和信息。城市中的现代产业是掌握了现代知识与信息的劳动者与现代物质资料的结合。城乡问题的实质是知识与信息在城乡之间的不均衡分布与传播。本章在最后还论述了互联网对推进城乡统筹的作用。

第六章 大众传媒与农村市场信息传播

第一节 大众传媒是市场信号传播的主渠道

市场经济是一种竞争的经济,市场信号是指市场经济中的竞争者所采取的任何行动。但这个市场信号的定义是新古典经济学派的定义,因为它不包括政府对市场经济的干预,它仅指市场经济中供需双方的行动。西方宏观经济学主张对市场经济这只"看不见的手"进行宏观政策干预,这种政府的宏观政策干预行为不是竞争者的行为,但它是一种市场信号。本书认为市场信号是市场经济中的行为主体所采取的对经济的影响行为。市场经济中的行为主体包括生产者、消费者和政府三类。市场经济中的行为主体所采取的任何行为可以概括为两类:价格行为和非价格行为。相应地,市场信号也就分成价格信号和非价格信号两类。市场信号是引起人们关注的公开性市场信息。

价格信号不仅包括各种具体商品和劳务的价格,还包括工资、地租、房租、利率、汇率等。工资是劳动力价格的反映,地租是土地价格的反映,房租是房屋价格的反映,利率是货币价格的反映,汇率是外汇牌价的反映。

非价格信号则是指企业的并购行为、科技创新行为、债务状况、财务状况、董事会重大人事变动和政府宏观政策等。

市场信号引导着市场经济中生产者、消费者和政府的行为,由这些行为来调节市场经济中的供求状况,反过来又由市场经济中的供求状况影响市场信号。

当市场中的商品价格、工资、地租、房租、利率、汇率等商品和要素的价格上升时,就表示市场中的商品和要素供应还处于供不应求的状况,生产者就会采取扩大生产的行为,消费者会根据自己对商品和要素的价格是否继续上涨的趋势判断采取购买行为还是观望行为,政府会根据市场中的商品和要素的价格涨幅决定是否出台政策进行干预。市场中的非价格信号也会影响供需双方和政府的行为。例如,当两个大企业合并时,其股价一般会发生大的变动,投资者会根据这种并购行为决定是否买卖其股票,政府会审查这两个大企业合并时是否会造成垄断，要不要采取反垄断措施。

市场信号是怎样发出并传播的呢？人们又是通过何种途径来获得市场信号呢？

在商品经济的初期，人们一般是直接见面议谈商品的价格；商品经济进一步发展后，城市居民主要在市场中获取市场信号，农村居民也主要在集市中获取市场信号。但这种市场信号传播一般都不会很远，其影响被限制在很小的区域范围内。

一、 大众传媒成为市场传播主渠道的表现

在现代市场经济条件下，全球化和区域经济一体化成为经济发展的大趋势，供需双方在全球范围内采购，市场信号在全球范围内传播，大众传媒就成了市场信号传播的主渠道。本研究列举如下：

（1）在互联网时代，绝大多数企业、事业、社会团体和政府机构都有自己的网站。现在，无论是企业招工，事业单位用人，还是政府机构录用公务员，除少数单位现场安排供需双方直接见面外，一般都在互联网上公开发布招用劳动力和人才的数量与条件，实行网上报名、网上录取。

（2）企业一般都通过互联网介绍本企业的地址、经营实力与业绩、商品性能和价格等情况。消费者、合作者和竞争者也习惯上网查询该企业的情况，获取对自己有用的信息。

（3）有实力的企业通过大众传媒来做广告，通过广告宣传企业的产品，提升企业的形象，实行产品差异化的企业销售策略。企业的产品差异化不仅体现在产品的质量、价格、包装、性能上，也体现在它的销售渠道和售后服务上。企业的名牌产品、优质产品和特色产品战略大都是借助大众传媒来完成的。消费者大多数也是借助于大众传媒上的广告来认识产品和企业的。改革开放以来，中国企业的广告费用无论是在电视上还是在报纸杂志上数量都急剧上升，就是一个明证。

（4）各种价格信号，如工资、利率、汇率、地租等，一般都借助于互联网来公布。

（5）股票市场信息一般都通过大众传媒来公布。如深圳证券交易所在上市公司信息披露中规定："公平信息披露是指上市公司及相关信息披露义务人应当同时向所有投资者公开披露重大信息，确保所有投资者可以获取同一信息，不得私下提前或向特定对象单独披露、透露或泄露。"

重大信息是指对上市公司股票及其衍生品种交易价格可能或已经产生较大影响的信息，包括下列信息：

◎ 与公司业绩、利润分配等事项有关的信息，如财务业绩、盈利预测、利润分配和资本公积金转赠股本等；

◎ 与公司收购兼并、资产重组等事项有关的信息；

◎ 与公司股票发行、回购、股权激励计划等事项有关的信息；

◎ 与公司经营事项有关的信息，如开发新产品、新发明，订立未来重大经营计划，政府部门批准、签署重大合同；

◎ 与公司重大诉讼和仲裁事项有关的信息；

◎ 应予披露的交易和关联交易事项有关的信息；

◎ 有关法律、法规规定的其他应该披露事项的信息。

上市公司应当披露的公开信息均在中国证监会指定媒体上公告信息正是这个原因，证

券交易所将新闻媒体和新闻从业人员列为特定对象，禁止向其披露信息。

可以说大众传媒已是股市市场信号传播的主渠道。

（6）电子商务的发展已使互联网成为销售的重要渠道，如阿里巴巴在2010年的销售额已突破3,000亿元人民币，并有继续扩大的趋势。

（7）电子政务的发展已使互联网和广播电视成为政府发布日常市场管理和宏观经济政策的重要平台，成为向民众传播政府关于市场的政策信号的重要渠道和途径。

（8）大众传媒日益成为人们了解时尚需求与市场趋势和市场供需状况的窗口和主渠道。

二、大众传媒与市场信息之间的密切关系由大众传媒的信息传播特点所决定

（1）它比传统的从集市和市场交易中直接获取市场信号的方式更能打破行政、区域界限，更能在区域范围内形成更大的开放性信息网络。

（2）它比传统的市场信号传播更具有即时性。例如，股票市场就是一例，可以坐在家里即时了解世界各大交易所的即时股票信息。

（3）它具有完整性、系统性。由于大众传媒对市场信息的容纳量大，它可以同时容纳大量市场信号，它比传统的集市和市场中的市场信号要丰富得多。

（4）它具有保存市场信号的功能，使人们能对历史上和现在的市场信号进行比较、判断趋势、做出行动。

（5）它具有和大众联系密切、广泛的特点。

以上所述的大众传媒传播市场信号的特点和优点使其必然成为传播市场信号的主渠道，也使它在统筹城乡发展中日益发挥出重大作用。

大众传媒不仅有传播市场信号的功能，而且还有传播知识的功能和其他功能。正是由于大众传媒在城乡之间的不均衡分布和传播，导致了知识和信息在城乡之间的不均衡分布和传播，也最终影响到城乡业劳动生产率差距和城乡收入差距。

第二节 大众传媒在城乡之间的非均衡分布和传播

一、大众传媒在城乡之间非均衡分布和传播的实证分析

现代的大众传媒一般包括报纸、杂志、广播、电视和互联网五类。大众传媒和学校的区别在于：学校一般是传播系统的科学、技术、知识的场所，它一般不传播系统的市场信号；而大众传媒则是系统传播市场信息的主渠道，并随着电视大学、网络大学的兴起而成为传播科学、技术和知识的重要渠道。

在报纸、杂志、广播、电视和互联网五类大众传媒中，在计划经济体制下，报纸和广播是城乡居民获取信息的主渠道；而在市场经济体制下，电视和互联网则日益成为城乡居

民获取信息的主渠道。

根据2010年《中国统计年鉴》发布的中国广播电视事业发展情况来看,2009年中国的广播节目综合人口覆盖率已达96.31%,其中农村人口覆盖率已达65.1%。电视节目综合人口覆盖率已达97.23%,其中农村电视节目综合人口覆盖率达91.9%。但是广播电视人口覆盖率是就广播电视的发射覆盖范围和接收范围而言的,在广播电视发射和覆盖范围内,仍有居民没有能力拥有电视机,也就没有接收设备。

在报纸、杂志、广播、电视和网络五大类传媒中,最近五年来,随着政府实行家电下乡财政补贴政策,电视在城乡分布的差距正日益缩小。表6-1是2013年中国城乡居民每百户家庭平均拥有彩色电视机的状况。

表6-1　　　　2013年中国城乡居民每百户家庭平均拥有彩色电视机状况表

	城市(台)	农村(台)		城市(台)	农村(台)
全国	136.07	116.90	河南	126.31	111.21
北京	142.20	136.03	湖北	132.52	116.24
天津	121.62	125.29	湖南	122.62	111.24
河北	115.36	121.76	广东	141.07	118.32
山西	111.17	109.24	广西	136.68	109.91
内蒙古	105.27	105.58	海南	113.30	98.67
辽宁	114.67	112.18	重庆	134.50	107.78
吉林	114.58	117.00	四川	137.93	106.68
黑龙江	108.10	108.75	贵州	115.67	95.94
上海	192.32	189.50	云南	121.06	101.83
江苏	173.47	144.21	西藏	128.80	106.49
浙江	186.41	172.22	陕西	119.19	113.51
安徽	144.96	116.16	甘肃	108.22	106.28
福建	174.25	137.59	青海	105.67	107.08
江西	156.68	120.49	宁夏	102.11	123.25
山东	121.20	113.52	新疆	106.72	96.90

资料来源:2013年《中国统计年鉴》

从表中显示出2013年彩色电视机在中国城乡家庭的拥有量已基本实现均衡分布,全国城乡每百户家庭拥有的彩色电视机均已超过百台,这是一个巨大的历史成就。与报纸、杂志、网络的城乡不均衡分布相比,电视在城乡之间、城市与城市之间、农村与农村之间的分布差距日益缩小。2003年,全国城市每百户家庭拥有的彩色电视机已超过百台。2003年农村每百户家庭则只有67.8台,2004年农村每百户家庭拥有彩色电视机则上升到75.09台,2005年上升到84台,2006年上升到89.43台,2007年上升到94.38台,2008年上升到99.22台,2009年上升到108.94台,2013年则达到116.9台。彩色电视机在农村得到普及,最主要的原因不是城乡差距、区域差距缩小了,而是国家家电下乡政策的扶持使得电视传媒比广播、报纸、杂志更具有视频优势。其他大众传媒在城乡之间、区域之间分布差距甚大的最主要原因则是没有这种扶持政策。在计划经济体制下,广播曾是农村信息传播的主渠道,随着电视的兴起,广播的功能正在弱化,作用也日降低。

但是,电视机的普及并不等于广播电视资源在城乡之间、区域之间已实现均衡分布和传播。就内容来说,电视主要是面向城乡的。2009年,全国电视节目套数已达到3,337套,而专门为农村服务、面向农民的节目套数不到100套。体现区域特色、地方特色的有线广播电视在城乡分布的差距仍然巨大。以 2009 年有线广播电视用户数为例，中国的有线广播电视用户数为 17,523 万户，其中城市为 10,760 万户、农村为 6,863 万户，农村的电视入户率只有 27.77%，也就是说仍有 72.23% 的农村居民家里仍没有有线广播电视。2009 年，中国的城市人口为 5.6 亿人，而农村为 7.6 亿人，城市的 5.6 亿人拥有 10,760 万户有线电视，农村的 7.6 亿人拥有 6,803 万户有线电视，这一数字明显地展示出有线电视在城乡之间分布的不均衡。

各地区 2009 年和 2013 年城乡居民每百户家庭平均拥有电脑的台数，如表 6-2、表 6-3 所示。

表 6-2　　　　　　2009 年城乡居民每百户家庭平均拥有电脑台数表

序号	地区	城市	农村	序号	地区	城市	农村
1	全国	65.06	7.46	18	湖北	57.58	5.15
2	北京	96.96	52.27	19	湖南	47.77	3.00
3	天津	79.52	12.50	20	广东	91.54	16.21
4	河北	87.30	10.50	21	广西	71.85	2.99
5	山西	49.47	6.24	22	海南	49.73	1.81
6	内蒙古	43.24	1.89	23	重庆	62.03	1.83
7	辽宁	60.97	5.93	24	四川	55.28	3.37
8	吉林	50.57	4.63	25	贵州	52.47	0.98
9	黑龙江	42.22	7.86	26	云南	46.52	1.21
10	上海	123.24	54.33	27	西藏	35.10	0.21
11	江苏	75.72	8.24	28	陕西	62.30	4.59
12	浙江	84.53	31.07	29	甘肃	38.24	2.72
13	安徽	56.10	4.32	30	青海	36.01	1.77
14	福建	89.15	17.86	31	宁夏	48.47	4.00
15	江西	54.91	3.35	32	新疆	45.19	1.58
16	山东	70.87	10.83	33			
17	河南	51.70	4.05				

资料来源：2009 年《中国统计年鉴》

表 6-3　　　　　　2013 年城乡居民每百户家庭平均拥有电脑台数表

序号	地区	城市	农村	序号	地区	城市	农村
1	全国	87.03	21.36	18	湖北	81.91	19.73
2	北京	112.13	66.70	19	湖南	74..77	11.95
3	天津	98.69	43.71	20	广东	113.89	31.68
4	河北	75.53	30.40	21	广西	98.44	11.73
5	山西	74.07	27.67	22	海南	65.56	8.42
6	内蒙古	62.60	11.21	23	重庆	78.96	14.50
7	辽宁	77.67	20.23	24	四川	74.25	9.95
8	吉林	74.71	20.75	25	贵州	71.22	4.87
9	黑龙江	60.52	19.24	26	云南	69.85	6.17
10	上海	144.47	49.17	27	西藏	63.11	0.54
11	江苏	100.30	44.97	28	陕西	84.82	17.91
12	浙江	106.94	47.89	29	甘肃	63.19	11.39
13	安徽	79.57	13.87	30	青海	55.71	8.75

续前表

序号	地区	城市	农村	序号	地区	城市	农村
14	福建	109.09	36.16	31	宁夏	64.43	14.88
15	江西	78.17	13.31	32	新疆	65.75	12.45
16	山东	88.91	31.50	33			
17	河南	74.41	20.21				

资料来源：2013年《中国统计年鉴》

家用电脑是互联网的家庭使用终端。通过对各地区城乡居民平均每百户拥有的电脑台数数据的分析，可得出如下结论：

(1) 城市居民每百户家庭 2013 年拥有 87.03 台电脑，而农村居民每百户家庭仅拥有 21.06 台电脑，城市居民平均每百户拥有的家庭电脑是农村居民的 4 倍多，这表明大众传媒中的互联网在中国城乡的分布严重不均衡。

(2) 大众传媒的主要类型——互联网在城市之间也严重分布不均衡。2013 年东部发达地区城市居民拥有电脑最多，中部地区次之，西部地区最少。东部地区的上海每百户家庭拥有电脑 144.47 台，而西部地区的西藏只有 63.11 台，上海城市居民每百户家庭拥有电脑是西藏的 2 倍多。互联网的分布在城市中与城市发展水平密切相关，经济越发达的城市，家庭电脑分布越密集。

(3) 大众传媒的主要类型不仅在城市分布不均衡，在农村分布也不均衡。2013 年东部农村地区居民拥有的电脑多，中部农村地区次之，西部农村地区最少。处于东部区域的上海农村每百户居民家庭平均拥有电脑 49.17 台，而西部地区的西藏农村每百户居民家庭平均拥有的电脑只有 0.54 台，上海农村居民拥有的电脑是西藏农村居民的 91 倍。互联网的分布在中国农村也非常不均衡，经济发展水平越高的农村，互联网分布越密集，计算机越多；经济发展越落后的农村，互联网分布越稀疏，计算机越少。

(4) 从 2009 年到 2013 年，中国的家用电脑普及发展非常之快。无论东部、中部还是经济欠发达的西部，无论是城市还是农村，每百户家庭拥有的电脑数量都在成倍增加。全国城市平均增加 34%，全国农村平均增加 186%，农村增长速度比城市快得多。

统筹城乡大众传媒发展，一是要缩小大众传媒中的互联网在城乡之间分布的差距，二是要缩小城市与城市之间的发展差距，三是要缩小农村与农村之间的发展差距。不能把统筹城乡发展单纯看成仅是缩小城乡差距。

从报纸来看，根据 2007 年《中国新闻统计资料汇编》统计，全国各地区每千人日报拥有量如表 6-4 所示。

表 6-4　　　　　　　　　　中国各地区每千人日报拥有量　　　　　　　　　　(份/千人)

地区	千人日报拥有量	地区	千人日报拥有量	地区	千人日报拥有量
北京	184.86	福建	61.41	江西	38.76
天津	205.73	河南	56.28	甘肃	35.23
上海	204.13	吉林	55.38	湖南	33.13
浙江	146.81	山西	52.32	广西	32.14
广东	116.60	重庆	48.49	云南	30.55
辽宁	93.58	黑龙江	47.55	西藏	22.74
江苏	86.84	四川	46.31	内蒙古	24.81
河北	84.22	新疆	45.82	贵州	21.85

续前表

地区	千人日报拥有量	地区	千人日报拥有量	地区	千人日报拥有量
湖北	68.57	陕西	43.47	青海	19.79
海南	65.81	宁夏	41.68		
山东	64.99	安徽	39.26		

资料来源：2008《中国传媒发展报告》

从表6-4可以分析出，经济越发达的东部地区，其千人日报拥有量越多；经济越落后的西部地区，其千人日报拥有量越少。报纸在区域间分布是不均衡的，其分布规律是经济越发达，分布数量越多。尽管由于数据收集的困难，本书没有采集到报纸在各地区乡村的分布，但是，城市的经济发达程度比农村高。根据广播电视、互联网在城乡的分布状况和规律，以及报纸在经济发达地区和落后地区的分布规律，按照逻辑推理，也可得出报纸在城乡分布不均衡的结论。

以上是大众传媒在城乡分布存在巨大差异的实证分析。

大众传媒是市场信号传播的主渠道，这在前文已经论述。既然它是市场信号传播的主渠道，本书就把它看成影响农业劳动生产率的重要原因。但事实上，大众传媒和农业劳动生产率之间是互为因果关系的。一方面，农业劳动生产率越高，农民收入也就越高，用于大众传媒的支出也就越多。反过来看，大众传媒分布越不均衡，市场信号传播也就越不均衡，市场信号越弱的乡村，农业劳动生产率也就越低。

二、大众传媒在城乡非均衡分布和传播的原因

大众传媒在城市和乡村的分布和传播存在巨大差异的原因主要有以下四个：

1. 城市是信息源聚集的区域，农村则是信息接收区域

自从城乡分离，城市产生以来，城市就逐渐成为政治中心、经济中心、文化中心。城市不仅聚集着现代工商业，而且集中着财富、科学技术知识和各种信息。报纸、杂志、广播、电视、网络五大类大众传媒一般都是在城市产生，从城市发出各种市场信号。市场信号的传播一般借助于交通和通讯网络。无论是通讯网、广播网、电视网、互联网的建设和区域覆盖，都需要技术和资金，而资金和技术的聚集与分布是从城市向周围农村递减的。各种网络的建设一般也是先城市、后农村，先建信息库、信息源，再逐步扩大传播范围，这是大众传媒在城乡分布和传播不均衡的一个重要原因。

2. 城乡收入差别

大众传媒的传播载体是商品，使用它是需要付费的。无论是购买报纸、杂志、收音机、电视机还是家用电脑，都需要一定的货币支出，需要一定的经济实力。2009年，全国城市居民可支配收入平均为17,174.65元，农村居民人均纯收入平均为5,153.17元。而西部地区的广大农民年人均纯收入仅为3,980.44元，其中贵州为3,005.41元、云南为3,369.34、西藏为3,531.72元、陕西为3,437.55元、甘肃只有2,980.10元、青海为3,346.15元、新疆为3,883.10元。购买一台家用电脑，一般需要3,000—5,000元，较好的家庭电脑需要支付更多的费用，互联网的年使用费一般也需要500—800元。农村居民人均纯收入全国平均只有5,153.57元的低水平情况下，许多地区农村居民人均纯收入还不到4,000元，在这种收入状况下，农民不可能将一个人全年的纯收入用来购买家用电脑，

也不可能花费上百元来订购一年的报纸。这是大众传媒在城乡分布不均衡的主要原因。

3. 城乡受教育程度的差别

按照第五次全国人口普查资料，中国城乡每万人中拥有的研究生数量、大学生数量、高中生数量和初中、小学生数量存在巨大差别。阅读报纸、杂志需要一定的阅读能力，使用家庭电脑需要一定的科技知识，由于农村居民受教育程度普遍偏低，给大众传媒在农村的普及和广泛传播带来一定的困难。

4. 制度与政策因素

大众传媒应当是公共产品还是私人商品？哪些大众传媒应当是公共产品？哪些大众传媒应当是私人产品？在理论界和实践当中并没有给出明确的界定。在20世纪五六十年代，广播被看成公共产品，因而在中国城乡，只要技术上能达到的地方就能覆盖。改革开放以来，国家实行了"村村通广播"工程，政府规定了各省区的广播电视覆盖率，实际上使广播电视成了公共产品，因而城乡差别缩小很快。但国家对报纸、杂志、互联网并没有规定它们在城乡人口中的覆盖率，也没有明确把它们规定为公共产品。这三种大众传媒在城乡分布和传播的差异上显得很大。

制度和政策因素对大众传媒的非均衡分布和传播能起到重要的调节作用。

三、市场信号对提高农业劳动生产率的影响

城乡差距的实质是城市的现代产业劳动生产率和农村的传统产业劳动生产率之间存在着巨大差距，统筹城乡发展就要缩小城市现代产业和农村传统产业之间的劳动生产率的差距，就要提高农村的农业劳动生产率。**农业劳动生产率＝农业增加值÷农业劳动者就业人数**，因此提高农业劳动生产率有两条基本途径：其一是转移剩余农业的剩余劳动力；其二是发展现代农业，提高土地单位面积产出，提高每个农业劳动者所创造的农业增加值。

为什么要转移农村剩余劳动力呢？按照西方经济学的观点：生产是产出和投入之间的函数，即 $y=f(x_1x_2,……x_n)$，公式中 y 表示产出量，x_1，$x_2……x_n$ 等表示生产要素如资本、土地、劳动力等的投入量。在农业生产中，一般认为只有资本、土地、劳动力三种生产要素投入。但是一定的农业劳动力和资本、土地的结合是有一定比例关系的。如果一个农业劳动力能和10亩土地结合，即一个农民能耕种10亩地，但投入的不是1个农业劳动力，而投入的是10个农业劳动力，那就是说多投入了9个农业劳动力，这多投入的9个农业劳动力对于农业产出没有增加，它就是一种多余的投入。这种多余的农业劳动生产力的边际劳动生产率为零，对农业生产不起促进作用，就应当转移。

2009年，全国总人口为13.35亿人，其中城镇人口为6.21亿人，乡村人口为7.13亿人，城镇化率为46.6%。即使总人口不变，城镇化率如果提高到65%，未来将转移2.32亿乡村人口到城镇。从就业人员来看，2009年全国就业人员为7.80亿人，城镇就业人员为3.11亿人，农村就业人员为4.68亿人。按照全国18亿亩耕地计算，年均每个农业劳动者的耕地为3.84亩。在全国18亿亩耕地中，大约6亿亩在平原地区，12亿亩在山区。经验表明，平原地区的一个农民平均能耕种10亩地，山区农民平均能耕种5亩地，中国未来农业劳动者约3亿人就够了。这就是说，在4.29亿农村就业人员中，将有1.28亿农业剩余劳动力要向城市转移。

从发展现代农业来看，重庆市农民2009年的农业经营收入是2,016.6元，山东省农民2009年的经营收入是2,963元。

无论是农业剩余劳动力转移，还是发展现代农业，最基本的条件是知道市场信号，只有通过市场信号知道哪些地区、哪些城市缺少劳动力，缺少劳动力的数量、类型、工资水平等，农村剩余劳动力才能有序地向那些需求劳动力的地区和产业转移，才不至于因搜寻工作岗位的成本高昂而使劳动力供需不能得到合理匹配。在中国劳动力过剩的条件下，之所以会出现广东等省市的"用工荒"，一个重要原因就是市场信号不畅通，劳动力供需双方信息沟通不充分、不畅通。从发展现代农业的角度分析，在市场经济体制条件下，农民最基本的条件是知道市场需求什么农牧副渔产品、需求多求、价格如何，农民也必须知道生产农产品所花费的种子、化肥、薄膜等农业生产资料的价格、质量、供应厂商的情况等。农民买难、卖难的实质是农业市场信号传播不全面、不畅通，农民不知道卖给谁、向谁买，只有通过公司加农户的方式实现自己的利益。

市场信号不仅影响到农业剩余劳动力的转移，也影响到农民的买和卖，影响到现代农业的发展，而解决这个问题的基本途径是发挥大众传媒的功能。

本章小结

本章研究了市场信息量与大众传媒之间的关系。市场经济是竞争的经济，市场信息是指市场经济中的竞争者所采取的任何行动，它包括价格信号和非价格信号两类。市场信号引导着市场经济中生产者、消费者和政府的行为。在现代市场经济条件下，大众传媒是市场信号传播的主渠道。现代的大众传媒主要包括报纸、杂志、广播、电视、互联网五类。由于大众传媒在城乡之间分布和传播的巨大差异，造成了市场信号在城乡之间的不均衡传播，从而影响了城乡经济的发展。本章进一步分析和研究了大众传媒在城乡分布不均衡的四大原因，揭示了大众传媒在城乡统筹中的六大功能和对经济、社会发展的巨大促进作用。

第七章
大众传媒对城乡统筹发展的功能与作用缺失分析

大众传媒不仅有市场信息的传播功能,是市场信号传播的主渠道,而且有教育培训的功能、知识传承的功能、政策导向的功能、广告功能、监督与维权功能,还有娱乐功能。

这些功能不但影响着城乡统筹发展中劳动者素质的提高,还影响着生产要素和产品的流通方向、速度与范围,影响着城乡产业结构的调整,影响着消费倾向和需求结构。从生产方式、生活方式到思想观念,从生产、流通到消费,几乎城乡发展的每一个方面、每一个环节都可以看到大众传媒的作用与影响。

第一节 大众传媒对城乡统筹发展的功能

一、大众传媒的教育功能

根据重庆第五次人口普查资料,重庆城镇中大专及以上学历的人口占城镇人口的15.4%,乡村中大专及以上学历的人口仅占乡村总人口的0.28%,城镇中受教育程度在大专以上的人口是乡村中同类受教育程度人口的55倍。乡村中每1,000人中才有1个大专以上学历的受教育人口。从高中、中专及以上学历的人口来看,重庆城镇是75.4%,乡村是3.77%,乡村的高中、中专以上人口是城镇的1/20。重庆乡村中小学以上学历的人口占到了乡村人口的55.8%以上。在重庆城乡乃至全国城乡受教育程度严重不平衡是当今中国的客观事实。

形成受教育程度在城乡严重不均衡的基本原因有两条:其一是教育资源在城乡严重分布不均衡。不但大学、大专、职业技术学院和中专都集中在城市,而且重点中学、优质师资、优良教学设备等绝大多数集中在城市;其二是城乡居民收入差距很大。中国的教育分为义务教育和非义务教育两个阶段。义务教育一般是9年制,有些经济发达地区规定为12年制,基本上属于基础教育。非义务教育包括大学、大专、职业技术学院和中专、中等职业技术学校等,是要收费的。这种受教育程度不均衡的现状与城乡居民的收入水平密切相关。以一个大专生或职业技术学院的学生为例，平均每年的学费在 3,000 元—5,000 元之间，生活费在 5,000 元—8,000 元之间，即使按最低水平计算，一个学生每年的花费也在 8,000 元以上。在中国许多地区农民的年均收入还不到 4,000 元，在两个劳动力的家庭中年均纯收入还不到 8,000 元，子女在非义务教育阶段上学就成了一个艰难的经济选择。

改变教育资源在城乡分布不均衡，改变城乡收入差距而带来的受教育机会不均等现状的有效途径是增强大众传媒的教育功能，通过广播电视大学和远程网络教育提高城乡居民的受教育水平，进而缩小城乡居民的受教育差别。

中国国民教育中的高等教育体系包括普通高等教育（统招生）、高等教育自学考试、成人高等教育、广播电视大学和现代远程教育五个部分。尽管五种高等教育形式的学习方式不同、授课形式不同，但它们都是国家承认的学历。由于普通高等学校是统招生，是通常所说的正规大学，因此社会对普通高等学校学历的认可度较高，而对其他四种形式的高等教育认可度相对较低。改变这种社会认可度差异，既需要另四种形式的高等教育质量的提升，也需要时间和过程。在普通高等学校获得学历之外，广播电视大学学历也是国家公认的高等教育学历，其毕业证书由教育部统一电子注册，不仅在国内享有国民教育学历待遇，而且在欧美国家也得到认可，它所具有的独特优势使其可以在统筹城乡发展中发挥重大作用。

广播电视大学是依靠大众传媒的广播电视和网络技术资源形成的高等教育平台，是由中央广播电视大学、省级广播电视大学、地市级和县级广播电视大学分校等所形成的覆盖中国内地的远程教育系统。与普通高等学校相比，它具有以下优点：

（1）它具有远程教育特征，以大众传媒手段为课程载体，使教与学可以异地进行，特别适宜于广大山区分散的农民在家乡自主学习。

（2）它具有学习形式多样的特点，广播电视大学主要招收因各种原因失去在高等大中院校学习机会的社会人员和需要提高学历层次的在职、在岗人员，采取全脱产、半脱产、业余、周末学习等多种形式，这使得它特别适于已工作或失业的工人、农民学习。

（3）它可以通过大众传媒共享高校和科研院所的优质教育资源，为城乡分散的学生提供统一的高质量教材和优秀教师。

（4）它不集中住宿，可以为广大学生节约住宿成本、生活成本，能极大地降低学费，为经济落后地区特别是广大农村带来更多的受教育机会。

中国农民的现状特征是受教育水平较低，他们的家庭状况、收入状况、职业状况又使他们很难进入普通高等学校学习，广播电视大学和网络远程教育就成了他们提高受教育程度的基本途径。

二、大众传媒的知识传承功能

大众传媒有报纸、期刊、广播、电视、网络五种形式，它们的功能不一样，期刊中的专业期刊、电视中的专业频道、网络中的专业网络则担负着系统传播知识、技术、科学等信息功能。

专业期刊有学术期刊和科普期刊之分，学术期刊是面向高层次学术界的，但科普期刊是面向城乡大众的。农业科普期刊是面向农村的，它的宗旨是提高农民文化、科学素质，普及农业科学技术知识，是农业科技成果转化为农业生产力的桥梁。2009 年，全国有

9,000多种期刊，其中农业专业期刊有1,386种，而农业科普期刊只有50多种。著名的农业科普期刊有《农友》《新农业》《果农之友》《科技致富向导》《农业科技与信息》等。除了农业科普期刊外，在建筑、电子、护理等领域，还有一批面向农村剩余劳动力转移、适合农民工的科普杂志，这些期刊也发挥着知识传承的功能。

广播电视是知识传承的另一重要渠道。由于广播电视既有文字解说，又有视频图像，因而很受大众欢迎。著名的电视专业频道中央电视台有将农业和军事合在一起转播的中央电视台七套、陕西电视台也有农林卫视频道等。2009年，全国有2,256个电视频道，但农业频道只有20个，仅占全部频道的0.9%，虽然广播电视有强大的知识传承功能，但现实的情况是，知识传承的功能发挥得不够好，面向城乡统筹发展的知识传承功能太弱。2009年全国广播电视节目播出时间为1,226.6万小时，而农业节目未超过1%。中国规模最大、栏目数量最多的中央电视台七套的农业节目播出时间仅占央视总播放时长的2.4%左右。

在互联网方面，中国已出现了遍布各行各业的专业网，就农业而言，农业部已建立了以中国农业信息网为核心、集20多个专业网为一体的全国性网站，对传播农业科技知识等信息发挥了重大作用。

期刊、广播电视和互联网共同构成知识传承的重要渠道，也是劳动力供需信息发布的重要平台。

三、 大众传媒的政策导向功能

随着中国经济的发展和电子信息化的不断推进，从中央到地方，各级政府都建立了相应的电子政务网络平台，并通过电子政务网络平台发布各级政府的国土规划、城市规划、产业规划、土地利用规划、招商引资指南、各种政策和法律法规、办事机构和办事程序等信息，这些信息对城乡发展起着重要的政策导向作用，人们可以通过电子政务网络平台来了解各级政府的经济政策，了解宏观经济的形势、动态，然后决定自己的经济行为。

网络日渐成为政府发布政务活动和政策的主要平台，报纸和广播电视则日益成为辅助平台，这是因为网络具有容量大、传播快、更新快等优点。

四、 大众传媒的广告功能和求职功能

广告是通过大众传媒才得以发布和传播的，它的本质是使产品差异化。商品按其特性可以分成搜寻性商品和经验性商品两大类。消费者在购买之前就知道其特性的商品，产业经济学称之为搜寻性商品；消费者在使用商品后才能意识到其特性的商品，被称之为经验性商品。相应地，广告被分成搜寻性广告和经验性广告两大类。广告业的迅速发展是因为广告能产生巨大的经济效益，广告对城乡统筹发展具有以下功能：

(1) 沟通城乡产销渠道的功能；
(2) 加速流通，扩大销售额的功能；
(3) 刺激消费，扩大需求，稳定消费者群体的功能；
(4) 培育名、优、特产品，形成产品差异化的功能；
(5) 提升企业形象的功能。

报纸、电视和网络是发布广告的三种主要平台。

五、大众传媒的监督、维权功能

媒体监督是民主监督的重要形式。在由发展中国家向发达国家迈进的现代化进程中，在计划经济体制向市场经济体制转型的过程中，中国社会会涌现出大量的、经常性的矛盾与冲突。这些矛盾和冲突，一方面表现为官员和既得利益集团凭借强势地位，滥用权力，需要媒体对其监督；另一方面表现为城乡统筹发展中的弱势群体的合法权益得不到保障，需要维权。

例如，对官员的贪污腐败问题、公共财产和公共利益的侵吞问题、城乡统筹中被征地农民的权益丧失问题、农民工工资拖欠问题、企业中的劳动保障问题和生产资料中假冒伪劣商品"坑农害农"问题等，人们一方面可以通过报纸、电视和互联网揭露这些行为，另一方面可以通过报纸、电视和互联网获得公众舆论的支持，进而达到维权的目的。

六、大众传媒的娱乐功能

娱乐是大众媒体不可缺少的功能，这在电视和互联网中表现得尤为突出。健康的娱乐活动含有"寓教于乐"的特点，它通过文艺形象向人们传播真善美的理念，批判假丑恶的现象，它使人们感悟到个体与群体、个人与国家、自利与利他的正确关系，它使人们感受到自强不息的精神、艰苦奋斗的作风和勤俭节约的美德，它使人们认识到科学与民主的好处，愚昧与专制的弊端。

大众媒体的娱乐功能影响着人们的思想观念和精神面貌，进而对城乡统筹的发展产生重要影响。

第二节 大众传媒在城乡统筹中的作用

大众传媒应当在城乡统筹发展中发挥下述重大作用：

一、提高城乡劳动者素质，帮助城乡劳动者掌握进入现代产业的劳动技能

城乡统筹发展的基本问题是努力缩小农村传统产业与城市现代产业之间的劳动生产率差距，促进城乡产业共同现代化，实现这一目标的关键是提高农村传统产业的劳动生产率。提高农业劳动生产率有两条途径，一条是提高农业的规模化经营比例，转移农村剩余劳动力；另一条是改善农业生产条件，发展现代农业，提高土地单位面积产出。无论是转移农村剩余劳动力，还是发展现代农业，都需要提高劳动者素质，需要劳动者掌握满足现代产业的生产技能。例如，农民从农村进入城市从事工业、建筑业或现代服务业，他们的劳动技能从哪里来？从事传统粮食种植和养猪的农民转向种植花卉、饲养奶牛，他们的种

养技能又从哪里来？大众传媒的教育功能和知识传播功能可以帮助解决这一难题。政府可以通过改建、扩建广播电视大学、职业技术学院系统的远程教育平台，提高劳动者素质；也可以通过大众传媒开展短期培训和组织农民自主学习掌握进入现代产业的劳动技能。

二、引导城乡生产要素合理流动，减少搜寻成本，促进资源合理配置

本书第四章已论述了大众传媒是市场信息和市场信号传播的主渠道。在市场经济条件下，劳动力、生产资料、资金等生产要素总是由价格低的地方流向价格高的地方，以便获得最大回报。如果大众传媒在城乡之间能够较均衡地分布和传播，它就能够通过工资、价格和利率引导劳动力、生产资料和资金的流动，并根据供需双方的价格、数量和条件进行合理搭配。西方的古典经济学和新古典经济学正是根据市场信息是完全充分、透明的这一假定条件来分析市场均衡的。在现实的中国城乡，由于大众传媒的不均衡分布和传播，市场信号和市场信息在农村既不完全充分，也不畅通和透明，生产要素在城乡之间也就难以合理流动。通过改变大众传媒在城乡之间的分布和传播状况，能够做到引导生产要素在城乡之间合理流动，促进资源有效配置。

三、引导产业转移，缩小区域发展差距

产业转移是产业发展条件和发展环境变化的结果，是由区域之间的生产成本差异所决定的。企业通过比较区域之间的水、电、气、土地、资本、劳动力等生产要素的价格和区域之间的交通运输状况、产业发展政策等决定其产业向哪个区域实行产业转移、转移的规模有多大。所有这些影响产业转移的信息主要是通过大众传媒来收集的，特别是通过互联网和专业期刊来搜寻、整理、研究产业转移的信息。

大众传媒在产业转移中发挥了一种引导作用。

四、大众传媒引导对农业生产结构的调整

农业生产具有多样性、选择性和替代性的特点。在一定的气候和科技条件下，农民通过土地既可以种粮食，也可以种蔬菜；既可以从事种植业和养殖业，也可以从事林牧业。当市场上粮食价格高而蔬菜价格低时，农民就会种粮食而放弃蔬菜种植；当市场上蔬菜价格高而粮食价格低时，农民就会种蔬菜。这就是市场机制自发地调节农业生产结构。这里关键的因素是农民要知道各种农副产品的价格和供需信息。现代农业生产信息主要是通过大众传媒来发布、传播和收集的。当大众传媒渠道不通畅时，农民就只能通过传统经验来盲目生产。如许多大都市近郊的农民本应从事经济效益高的都市型农业市场，但由于信息缺乏，还是从事传统的粮食生产和养猪。农产品生产出来以后，也不知道卖给谁，向谁购买优良品种，只能被动地接受市场的收购。

农民买难卖难的实质是市场信息不畅通、不充分。大众传媒可以有效地帮助农民解决买难卖难的问题，引导农民科学地调整农业生产结构。

五、大众传媒可以引导消费，引导需求结构的变化

现代社会科学技术的发展速度越来越快，新产品不断涌现。新产品的性能和价格是通过大众媒体的介绍而被人们所熟知的，各种名、特、优产品也是通过大众传媒中的广告培养形成的，各种时尚、流行的消费趋势也都借助大众传媒而广泛传播。大众传媒不仅有引导消费的功能，还有培养消费习惯、刺激需求结构升级变化的功能。

第三节 大众传媒在城乡发展中的功能缺失

大众传媒具有传播市场信号的功能、教育功能、知识传承功能、政策导向功能、广告功能、监督和维权功能、娱乐功能等，在城乡统筹发展中可以发挥巨大的作用，但是由于大众传媒在城乡之间的不均衡分布和传播，导致大众传媒的多数功能在农村缺失或者弱化，它主要表现为以下方面：

一、市场信号传播功能在农村中的普遍缺失

由于工资、利率、汇率、地租、股票市场信息、商品价格、求职信息等市场信号主要是通过互联网来发布和搜寻的，而2009年中国农村每百户家庭平均拥有电脑7.46台，而西部地区农村每百户家庭拥有电脑普遍在4台以下，重庆农村每百户家庭平均拥有电脑仅为1.83台。农村人口居住比较分散，我国山区又多，农户之间距离相对很远，这就使得我国农村中90%以上的农村居民难以通过互联网获得必需的市场信号，大众传媒中的市场信号功能在农村处于缺失状态。

二、教育功能在农村中的普遍缺失

大众传媒的教育功能主要是通过广播电视大学和远程教育来实现的。农村居民的受教育程度较低，普遍需要接受继续教育和成人职业教育，但我国的广播电视大学是由中央广播电视大学、省级广播大学和地市级、县级广播大学分校或工作站组成的网络教育系统，全部资源和设施集中在县以上城市，乡镇和村一级缺少广播电视大学教育的末梢平台，这就导致大众传媒的教育功能在我国农村基本缺失，不能发挥应有作用。

三、知识传承功能在农村中的基本缺失

大众传媒中的报纸、期刊、广播、电视和互联网五种形式都有知识传播的功能。由于报纸、期刊和互联网在农村受众不到10%，这三种媒体的知识传承功能在农村就非常弱。从电视来看，2009年每百户农民家庭拥有的彩色电视机已达到108.94台，应当是农民获

取知识的主渠道,但广播电视的内容主要是面向城市的,向农村传播农业科技知识的电视内容很少,就形成事实上的功能缺失或弱化。例如,2009年中国电视播出节目为1,226.6万小时,农业节目播出时间不到1%。中央电视台七套农业节目也只占央视节目播出时间的2.4%,而2009年中国的城市化水平为46.4%,占总人口54%左右的7亿农村人口获取知识机会在广播电视中不到3%。

四、广告功能在农村中的基本缺失

通过大众传媒播出广告是需要付出巨额花费的,由于城乡收入差距巨大,且由于农业生产普遍是分散的农民家庭行为,缺乏企业化组织,除少数农民企业家外,广告功能在中国农村基本缺失。

五、政策导向功能在农村中的弱化

报纸、电视和网络是发布政府政策的主要平台,都具有导向功能。由于报纸和网络在农村的拥有量极少,农民一般通过广播电视了解政府政策,广播电视的特点是以视频和音频为主,对于以文字表达为主的政策、法规和法律,广播电视的传播效果就不如报纸和网络,这就导致了政策导向功能在农村的弱化。

六、监督和维权功能在农村中的弱化

大众媒体能够通过舆论的支持引起公众和政府对某些事件、现象的关注,进而达到维权的目的。由于中国农村面积广,交通不便,农民拥有的信息传输设施极少,记者也很难长期地、大批地、普遍地对农村中的越权行为、维权行为进行报道和关注。大众传媒的监督和维权功能在中国农村表现出明显的弱化。

大众传媒的诸多功能在城乡统筹发展中没有发挥应有的作用,本书的写作的目的之一就是完善和强化大众传媒在统筹城乡发展中的功能和作用。

本章小结

本章阐述了大众传媒具有的教育培训功能、知识传承功能、政策导向功能、广告功能、监督与维权功能及娱乐功能,这些功能不但影响着城乡统筹发展中劳动者素质的提高,还影响着生产要素和产品的流通方向、速度与范围,影响着消费倾向和需求结构,进而影响着城乡产业结构的调整。

第八章
农民及农民工对知识和信息的需求调查与分析

为了解城乡统筹中农民及农民工信息获取情况，本书设计了相关调查问卷，并对重庆九龙坡区和垫江县的农民及农民工进行了实地随机调查。之所以选择这两个地区，是因为九龙坡区是重庆城乡统筹的试验区，垫江县是重庆城乡统筹的试验县。此次调查发放调查问卷600份，收回问卷571份，得到有效问卷424份，问卷有效率为74.26%。

第一节 调查样本基本信息

从性别看，男性251人，占被调查人数的59.20%；女性173人，占被调查人数的40.80%。

从年龄看，以中年人为主要调查对象，31—60岁年龄段共253人，占被调查人数的59.67%，即被调查人数的一半以上。其余分别为19—30岁年龄段99人，占被调查人数的23.35%；60岁以上50人，占被调查人数的11.79%；18岁以下22人，占被调查人数的5.19%。

从受教育程度看，以初中文化程度为主。分别为小学以下文化程度34人，占被调查人数的8.02%；小学文化程度77人，占被调查人数的18.16%；初中文化程度191人，占被调查人数的45.05%；高中文化程度74人，占被调查人数的17.45%；中专文化程度18人，占被调查人数的4.25%；高职文化程度12人，占被调查人数的2.82%；大学本科文化程度18人，占被调查人数的4.25%；硕士及以上文化程度无。

从所在区域看，主城九区的农民与农民工最多，为221人，占被调查人数的52.12%；渝西地区153人，占被调查人数的36.08%；三峡库区的农民与农民工32人，占被调查人数的7.55%；黔江地区的农民与农民工18人，占被调查人数的4.25%。

从身份看，城市身份居民202人，占被调查人数的47.64%，说明有很多农民与农民工已在城市定居；进城务工农民182人，占被调查人数的42.93%；农民40人，占被调查人数的9.43%。

从家庭年平均收入看，收入最多的是4,000—6,000元，占总被调查人数的23.58%；其次是6,000—8,000元，占被调查人数的18.87%；再次是8,000—10,000元和2,000—

4,000元,分别为总被调查人数的15.80%和15.09%;最后是1,000—2,000元和10,000元以上的,分别占总被调查人数的14.16%和12.50%。

从家庭年平均文化活动消费支出费用来看,在540份单项有效问卷(仅该项有效为540份)中,在50元以下的有113人,占20.90%;在51元至150元的为110人,占20.21%;在151元至300元的有94人,占17.40%;在301元至500元的有84人,占15.50%;在501元至1,000元的有48人,占8.90%;在1,001元至3,000元的有91人,占16.09%;在3,000元以上的无(表8-1)。

表8-1　　　　　　　　　　被访问者的基本信息

指标	选项	人数(人)	比重(%)
性别	男	251	59.20
	女	173	40.80
年龄	18岁以下	22	5.19
	19—30岁	99	23.35
	31—45岁	159	37.50
	45—60岁	94	22.17
	60岁以上	50	11.79
受教育程度	小学以下	34	8.02
	小学	77	18.16
	初中	191	45.05
	高中	74	17.45
	中专	18	4.25
	高职	12	2.82
	大学本科	18	4.25
	硕士及硕士以上	0	0
所在区域	重庆主城九区	221	52.12
	渝西地区	153	36.08
	三峡库区	32	7.55
	黔江地区	18	4.25
主要从事职业	城市居民	202	47.64
	进城务工农民	182	42.93
	农民	40	9.43
家庭年平均收入	1,000—2,000元	60	14.16
	2,000—4,000元	64	15.09
	4,000—6,000元	100	23.58
	6,000—8,000元	80	18.87
	8,000—10,000元	67	15.80
	10,000元以上	53	12.50
家庭年平均文化活动消费支出	50元以下	113	20.90
	51—150元	110	20.21
	151—300元	94	17.40
	301—500元	84	15.50
	501—1,000元	48	8.90
	1,001—3,000元	91	16.09
	3,000元以上	0	0

第二节　农民及农民工对知识和信息的需求分析

一、农民及农民工获取知识和信息的需求类型分析

通过调查，农民及农民工获得知识和信息的需求类型如下：党和国家政策、国内外新闻和重庆城乡统筹政策等；农产品市场价格；农业作物栽培技术与信息和水产品或畜牧产品养殖技术信息；进城务工的职业知识；农民工权益保障的法律知识；农民工如何贷款的信息与知识；城市生活方式与工作方式中的知识与信息，此外还有其他科技信息与知识等。

通过调查发现，农民和农民工对党和国家政策及重庆城乡统筹政策的需求排在第一位，超过被调查人数50%的人将其列为第一信息需求；其次分别是农民工权益保障的法律知识、农产品市场价格、进城务工的职业知识和农作物栽培技术与信息。调查中，不到被调查人数的10%需求的信息是：其他科技信息与知识、水产品或畜产品养殖技术信息、农民工如何贷款的信息与知识，以及城市生活方式与工作方式中的知识与信息。具体调查信息比例如下：

(1) 党和国家政策、国内外新闻，250人有该方面信息需求，占被调查人数的58.96%；重庆城乡统筹政策，214人有该方面信息需求，占被调查人数的50.47%；

(2) 农民工权益保障的法律知识，109人有该方面知识需求，占被调查人数的25.71%；

(3) 农产品市场价格信息，106人有该方面信息需求，占被调查人数的25%；

(4) 进城务工的职业知识，96人有该方面知识需求，占被调查人数的22.64%；

(5) 农业作物栽培技术与信息，74人有该方面信息需求，占被调查人数的17.45%；

(6) 其他科技信息与知识，42人有该方面知识需求，占被调查人数的9.91%；

(7) 水产品或畜产品养殖技术信息，38人有该方面信息需求，占被调查人数的8.96%；

(8) 农民工如何贷款的信息与知识，35人有该方面知识需求，占被调查人数的8.25%；

(9) 城市生活方式与工作方式中的知识与信息，27人有该方面知识和信息需求，占被调查人数的6.37%。

二、农民及农民工获取知识和信息的传播渠道分析

城乡统筹中农民及农民工获取知识与信息的渠道有多种，可以通过人际交流获得信息，如与亲朋邻里的交流；可以通过传统媒体获得信息，如阅读书籍、报纸、杂志，收听广播，观看电视等。随着传播技术的发展，农民和农民工还可以从更先进的现代媒体中获得信息，如使用网络、固定电话、手机等；此外，部分乡村或企业还定期组织文化信息培训，也是农民和农民工获取信息的一条重要渠道。

通过本次调研了解到，城乡统筹中农民和农民工获取知识与信息的主要渠道是看电视

和与亲朋邻里交流,有289人表示会通过观看电视来获取知识与信息,占被调查人数的62.8%;有186人表示会与亲朋邻里交流来获取知识与信息,占被调查人数的43.87%。

其次是通过使用手机、阅读报纸、阅读书籍及杂志获取,有98人表示会通过使用手机来获取知识与信息,占被调查人数的23%;有162人表示会通过阅读报纸获取知识与信息,占被调查人数的38.2%;有75人表示会通过看书获取知识与信息,占被调查人数的17.69%;有70人表示会通过阅读杂志获取知识与信息,占被调查人数的16.51%。

此外,调查中有57人表示会通过使用网络来获取知识与信息,占被调查人数的13.44%;有148人表示会通过收听广播来获取知识与信息,占被调查人数的34.9%;有139人表示会通过使用固定电话来获取知识与信息,占被调查人数的32.8%;有32人表示会通过参加乡村或企业组织的培训来获取知识与信息,占被调查人数的7.55%。调查数据表明,通过使用网络、收听广播、使用固定电话和参加乡村或企业组织的培训获取信息的农民和农民工则较少,其所占比例均低于15%,其中通过参加乡村或企业组织的培训而获取信息的最少,只有7.55%。

调查表明,农民和农民工们最为信任的是电视,其次是亲朋邻里等,相比而言,对新兴媒体如网络和电话所传递信息的信任度较低。

1. 阅读书籍的调查统计

此次调查中,42%的农民和农民工每年读1本书,每年读书1—3本,所占比重为23%;每年读书5本以上的所占比例最小,为13%;还有超过20%的农民和农民工从不读书,具体调研数据如表8-2所示。

表8-2　　　　　　　　　　阅读书籍调查统计表

指标	选择阅读书籍人数	占被调查人数比例
每年读1本	178	42%
每年读1—3本	98	23%
每年读5本以上	55	13%
从不读书	93	22%

2. 看报的调查统计

农民和农民工看报的频率相较看书而言要高很多,从表8-3中可以看出,38.2%的农民和农民工每天看一次报纸,每周看一次报纸和偶尔看报的农民和农民工所占比重分别为19.3%和25.8%。相比而言,从来不看报纸的农民和农民工所占的比重最小,为16.7%。

表8-3　　　　　　　　　　看报调查统计表

指标	选择看报人数	占被调查人数比例
每天看1次报	162	38.2%
每周看1次报	82	19.3%
偶尔看报	109	25.8%
从不看报	71	16.7%

在调查中发现,农民和农民工最喜欢看的报纸是《重庆晚报》,其所占比重为36.79%;其次是《重庆日报》和《人民日报》,其所占比重分别为22.88%和21.46%;阅读《农民日报》和《重庆晨报》的农民工和农民数量相当,其所占比重分别为17.45%和16.75%。相比而言,通过《光明日报》获取信息的农民和农民工最少,所占比重仅为4.25%。具体调研结果如表8-4所示。

表 8-4　　　　　　　　　　　看报喜好统计表

指标	选择看报人数（多选）	占被调查人数比例
《重庆晚报》	156	36.79%
《重庆日报》	97	22.88%
《人民日报》	91	21.46%
《农民日报》	74	17.45%
《重庆晨报》	71	16.75%
《重庆时报》	50	11.79%
《光明日报》	18	4.25%
其他	26	6.13%

此外，大多数农民和农民工都表示，如果可以方便地拿到免费的报纸，会考虑经常阅读；只有29.7%的农民和农民工表示，即便可以方便地拿到免费的报纸，他们依旧对看报不感兴趣。

3. 看杂志的调查统计

调查显示，25%的农民和农民工每天看杂志，而每周看杂志的比例为29%，偶尔看杂志的比例也为29%，从不看杂志的农民和农民工占17%（表8-5）。

表 8-5　　　　　　　　　　　看杂志调查统计表

指标	选择看杂志人数	占被调查人数比例
每天看杂志	106	25%
每周看杂志	123	29%
偶尔看杂志	123	29%
从不看杂志	72	17%

4. 收听广播的调查统计

调查显示，34.9%的农民和农民工每天都听广播，35.8%的人偶尔听听，从来不听广播的比例为29.2%。在收听广播的大多数人中，每天收听广播节目时间在1—2小时，而收听时间达到5—10小时的农民工和农民所占的比重仅为4.72%（表8-6）。

表 8-6　　　　　　　　　　　收听广播调查统计表

指标	选择收听广播人数	占被调查人数比例
每天收听广播	148	34.9%
偶尔收听广播	152	35.8%
从不收听广播	124	29.2%

5. 观看电视的调查统计

本次调查中，每天观看电视超过一半以上的人占被调查人数的68.2%；偶尔看电视的为25%；从不看电视的仅占6.8%。可见电视仍然是农民和农民工获取知识和信息的主要大众传播渠道（表8-7）。

表 8-7　　　　　　　　　　　观看电视调查统计表

指标	选择观看人数	占被调查人数比例
每天观看电视	289	68.2%
偶尔观看电视	106	25%
从不观看电视	29	6.8%

在收看的电视频道中，重庆卫视和中央电视台1套综合频道是其主要的收看频道，能够收看该频道的人占了被调查人数的一半以上；其次是中央电视台其他频道、省级卫视、重庆本地及本县频道；收看外县电视频道的比重最小。具体比例如表8-8所示。

表8-8　　　　　　　　　　收看电视频道情况统计表

指标	能够收看该频道的人数（多选）	占被调查人数比例
重庆卫视	249	58.96%
中央电视台1套综合频道	232	54.72%
中央电视台所有频道	183	43.16%
中央电视台7套农业频道	162	38.21%
重庆本市所有频道	145	34.20%
本县电视频道	127	29.95%
其他省市卫星频道	114	26.89%
外县电视频道	17	4.01%

6. 上网的调查统计

调查数据显示，大多数农民和农民工都还没有上网的习惯，每天上网的仅为18%，近一半的人从不上网。农民和农民工家庭安装电脑比例较小是其上网少的重要原因之一（表8-9）。

表8-9　　　　　　　　　　上网情况调查统计表

指标	上网人数	占被调查人数比例
每天上网	76	18%
每周上网1—2次	42	10%
每周上网3—5次	38	9%
偶尔上网	68	16%
从不上网	200	47%

在调查中还了解到，农民和农民工上网的主要目的是了解社会新闻、获悉时事政策；其次是天气变化及与农业相关的技术及经济信息；通过网络开展贸易和网上消费的人很少，如网络投资、炒股、缴纳水电费、交易农产品和网上购物等。绝大多数农民和农民工认为网络对他们的帮助一般或帮助不大（表8-10）。

表8-10　　　　　　　　　　上网主要目的调查统计表

指标	选择该目的人数（多选）	占被调查人数比例
了解社会新闻	154	36.32%
其他	119	28.07%
获悉时事政策	103	24.29%
了解天气变化	70	16.51%
学习农业技术知识	68	16.04%
关注经济信息	57	13.44%
QQ聊天	53	12.50%
玩游戏	36	8.49%
使用网络银行	24	5.66%
开心网偷菜	22	5.19%
网上购物	21	4.95%
网上农产品交易	20	4.72%
网上交电话费、水电气费等	15	3.54%
投资、炒股	3	0.71%

7. 用手机获取信息的调查统计

本次调查中，经常使用手机上网的农民和农民工所占比例为23%，偶尔使用手机上网的也为23%，超过一半以上的农民和农民工从不使用手机上网获取信息，可见移动互联网在农民和农民工的日常生活中起到的作用和影响仍较弱（表8-11）。

表8-11　　　　　　　　　用手机上网获取信息调查统计表

指标	使用手机上网人数	占被调查人数比例
经常使用手机上网	98	23%
偶尔使用手机上网	98	23%
从不使用手机上网	228	54%

8. 参加乡村或企业组织的文化信息培训情况统计

调查数据显示，通过参加乡村或企业组织的文化信息培训以获取信息的农民和农民工不多，近一半人从不参加培训获取知识和信息。参加过两次的占22.2%，参加次数达到3次以上的占14.4%，仅有20.3%的农民和农民工多次参加过培训。同时，绝大多数的农民和农民工认为乡村或企业组织的文化信息培训对其帮助不大，认为帮助较大的农民和农民工仅占3.17%（表8-12）。

表8-12　　　　　　参加乡村或企业组织的文化信息培训调查统计表

指标	使用手机上网人数	占被调查人数比例
多次参加	86	20.3%
3次以上	61	14.4%
两次	94	22.2%
从不参加	183	43.1%

三、农民及农民工的收入与信息供需矛盾分析

在现代市场经济条件下，知识和信息是必不可少的生产要素。对于农民工而言，他们最重要的是要知道在哪些城市、哪些产业、哪些岗位有工作机会，工资是多少，上岗条件是什么，自己能否胜任并愿意工作，政府对进城农民工的政策。对于留在农村从事农业的农民而言，他们也需要获得政策信息、农产品的价格、供销渠道信息等，这些信息主要都是通过大众传媒传播，前文已经论述。然而，大众传媒不是免费的，在城乡存在着不均衡传播，此次问卷更加证明了本文的观点。从本次调查中可以得出信息供需失衡的如下结论：

（1）农民对大众传媒费用的支出一般是通过人均或家庭平均文化支出费用来体现，此次问卷调查中有53.1%的农民和农民工家庭年平均文化费用支出在500元以下。农民和农民工的文教费用支出包括电视、书籍、互联网和子女的文教费用。在重庆，互联网的年支出费用一般在450—800元左右。也就是说本次调查表明，53.3%的农民和农民工没有经济能力通过互联网获得必需的知识和信息。哈耶克的"知识分工"理论认为，知识和信息可以通过价格机制实现均衡，但中国农村的现实状况是农民和农民工不可能通过价格机制获得必需的信息。哈耶克是自由主义经济学家，不主张政府干预，那么农民和农民工如何

获得必需的知识和信息呢？

(2) 农民和农民工的文教费用支出与其收入密切相关。收入越高的农民和农民工，其年文教支出费用越高。此次调查表明：年平均文教支出费用在 500 元以下的 288 人中，其家庭年平均收入均在 6,000 元以下；年平均文教费用支出在 1,001—3,000 元的农民和农民工，其家庭年收入均在 8,000 元以上。调查证实了经济学的一般原理：支出与收入正相关，有密切的因果关系。

(3) 在 540 份单项有效调查问卷中（仅单项有效），有 123 个家庭拥有电脑，占 22.8%；有 22 个家庭拥有电脑但不能上网，占 4%；高达 73.2% 的家庭没有电脑。家庭没有电脑一是与其收入有关，家庭不能支付网络开销费用；二是与互联网的覆盖率有关，特别是中国农村，许多农民住家分散，远离人群集中的村、镇，互联网还没有覆盖到这些地方。因此，互联网覆盖率低也是造成信息供需失衡的重要原因。

(4) 此次调查中，农民和农民工家庭拥有的大众传媒接收设备情况如表 8-13 所示。

表 8-13　　　　　　农民和农民工家庭拥有的大众传媒接收设备情况　　　　　　单位：台

	收音机	固定电话	手机	电视	电脑
有	54	139	283	403	123
没有	506	420	276	156	436

从表 8-13 可以看出，电视和手机是农民和农民工家庭主要的大众传媒接收设备。

(5) 农民和农民工所需要的信息和知识可以分为免费供应和低价优惠供应及按市场价供应三类。免费供应的信息和低价优惠供应的信息可以看成是公益性的，按市场价供应的可以看成是非公益性的。政府关于经济、社会发展的政策和关于农村的规划、产业发展方向等信息应当让所有农民和农民工知道，应当是免费的、公益性的，但由于信息网络在农村的覆盖率低，农民和农民工缺失了这一重要渠道。而按市场价格机制供应的知识和信息，农民和农民工又因为收入低而无力获得，形成了市场经济条件下信息和知识的非均衡传播。解决这一问题的根本出路在于实行政府干预，通过政府干预引导知识和信息的均衡传播。

城乡统筹发展有两大基本问题需要解决：一方面是发展现代农业，建立社会主义新农村，本书把留在农村继续从事农业生产的劳动者称为农民；另一方面是农村的剩余劳动力向城市转移，参加工业化和城市化建设，本书把从农村转移出来从事第二、第三产业的农民称为农民工。农民工的身份依然是农民，因为他们的户籍还未转变，他们的家庭关系还留在农村，但他们所从事的工作已从第一产业转为第二、第三产业。农民和农民工的共同特点就是他们还和农村保留着密不可分的经济、社会关系，不同的是由于农民从事的是第一产业，农民工从事的是第二、第三产业，他们对信息的需求类型和强度也是不同的。

本章的问卷调查显示：留在农村继续从事第一产业的农民，特别需要获取从事农业技术的信息、农产品市场价格的信息；进城务工的农民工特别需要获取进城从事第二、第三产业的职业知识与信息，农民工权益保障的法律知识。农民和农民工共同想获取的是党和国家的政策、重庆城乡统筹发展的政策信息。本章的微观问卷调查不仅证明了大众传媒在城乡统筹发展中有政策导向的功能、知识传承的功能、教育的功能、广告功能、监督和维权的功能，由于此次问卷调查中超过 58.9% 的农民工最想获取的信息是党和国家政策，超过 50.47% 的农民最想获取的信息也是党和国家政策，因此，大众传媒在城乡统筹发展中的第一位功能是政策导向功能。由于农民和农民工对农产品的市场价格、农业生产技术、农民工进城务工的职业知识信息表示出极大的需求意愿，因而排在第二位的是大众传媒的知识传承功能，排在第三位的则是大众传媒的监督和维权功能。农民和农民工的信息需求也反映出农村大众传媒的广告功能、教育功能和娱乐功能的意愿，但相对较弱。

农民和农民工的信息需求意愿不仅反映出大众传媒可以在城乡统筹中发挥政策导向、知识传承、监督和维权等功能，也反映出这些功能在农村的缺失，以及知识和信息在城乡之间的供需矛盾。

研究供需矛盾的均衡是经济管理学的基本领域，但传统的研究多偏重于市场经济中商品的供需均衡、劳动力的供需均衡和资金的供需均衡，对知识与信息的供需均衡涉及甚少。本书的一个重要结论就是应当重视和研究知识与信息在城乡之间的供需均衡。通过大众传媒的功能发挥，满足农民和农民工对知识与信息的需求，从而提高农民与农民工的劳动素质，引导农村的生产要素流动，加快产业转移和农业生产结构的调整，引导农村消费结构和需求结构的变化，进而提高劳动生产率，从而增加农民和农民工的收入，促进城乡统筹发展。

通过对重庆城乡统筹综合配套改革实验区的农民工和农民的抽样调查，了解到绝大多数农民和农民工在生产生活中对知识与信息有着极大的需求。调查主要对农民和农民工获得信息的主要渠道以及接收信息习惯进行分析，得出了在城乡统筹发展中，农民和农民工最想获取的知识和信息情况。

第三节　问卷调查的多元回归分析

本书以重庆的微观问卷调查统计数据为依据，应用多元回归分析这一管理学的方法，对城乡统筹中农民和农民工的收入与大众传媒的关系进行了分析。本节的理论基础就是假设大众传媒与农民收入提高有密切的因果关系和正相关关系，并通过问卷调查统计数据予以验证。

本书的理论假设是：

理论假设1：农民家庭对大众传媒的文化支出与农民收入正相关；

理论假设2：通过大众传媒获得信息的农民和农民工人数比例与农民收入正相关；

理论假设3：农民从事职业与农民收入正相关；

理论假设4：农民受教育程度与农民收入正相关；

理论假设5：农民的文化支出与从事职业正相关；

理论假设6：农民的文化支出与受教育程度正相关。

上述理论假设的依据如下：

一是经济学原理。知识和信息是生产要素，按照经济学投入产出原理，投入越多，产出越多。农民和农民工获得的知识和信息越多，越有利于增加收入；二是经济学的经验事实。从现实经济活动来看，受教育程度越高、文化素质越高的农民和农民工掌握的知识和信息也就越多，其收入也就相应的越多。

上面六个假设与农民和农民工收入的关系如图 8-1 所示:

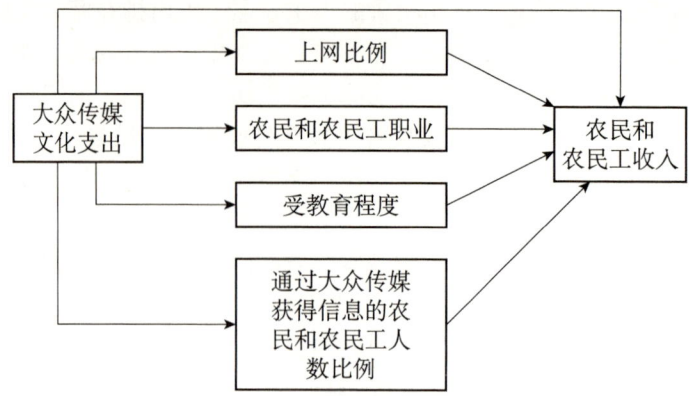

图 8-1　六个假设与农民和农民工收入的关系图

本书共进行了两次问卷调查,第一次于 2010 年 10 月在重庆九龙坡区和垫江县进行,第六章的信息需求分析就是通过第一次问卷调查得出的。为了通过微观多元回归进一步分析大众传媒与农民收入的关系,2012 年 8 月在重庆九龙坡区铜罐驿镇开展了第二次问卷调查,将指标以个人为单位进行了统一。铜罐驿镇地处重庆九龙坡区西南部,全镇面积 23.2 平方公里,辖 2 个社区居委会、7 个村委会,总人口 2.8 万人,其中城镇人口 1.2 万人,农民和农民工 1.6 万人。本次发放 300 份问卷,有效问卷为 158 份(表 8-14)。

表 8-14　　　　　　　重庆九龙坡区铜罐驿镇信息调查表

序号	人均年收入(元)	人均年文化支出费用(元)	每年上网时间折合天数(天)	每年外出务工时间(天)
1	1,000	100	0	0
2	1,000	100	0	0
3	1,200	100	0	0
4	1,200	100	0	0
5	1,400	100	0	0
6	1,400	100	0	0
7	1,400	100	0	0
8	1,400	100	0	0
9	1,600	100	0	14
10	1,600	100	0	0
11	1,600	100	0	140
12	1,800	100	0	7
13	2,200	100	7	217
14	2,800	100	21	259
15	1,200	200	0	21
16	1,200	200	0	0
17	1,400	200	0	77
18	1,400	200	0	140
19	1,800	200	0	14

续前表

序号	人均年收入（元）	人均年文化支出费用（元）	每年上网时间折合天数（天）	每年外出务工时间（天）
20	3,000	200	7	7
21	4,400	200	14	161
22	2,000	200	21	28
23	3,600	200	21	35
24	3,400	200	28	294
25	2,000	200	35	0
26	5,000	200	56	252
27	5,800	200	56	119
28	7,000	200	56	119
29	5,600	200	91	196
30	1,800	300	7	28
31	3,000	300	14	126
32	1,800	300	21	119
33	2,400	300	21	14
34	2,600	300	21	28
35	2,800	300	21	35
36	3,400	300	21	21
37	3,600	300	21	49
38	4,200	300	21	56
39	6,000	300	56	112
40	6,800	300	56	259
41	6,000	300	63	98
42	4,600	300	91	84
43	3,000	400	7	365
44	3,200	400	14	91
45	4,600	400	14	154
46	2,800	400	21	28
47	3,600	400	21	224
48	3,800	400	21	56
49	4,400	400	21	63
50	3,400	400	28	63
51	3,600	400	28	63
52	3,800	400	28	203
53	4,000	400	35	63
54	3,400	400	40	266
55	4,400	400	42	70
56	4,000	400	49	49
57	4,800	400	49	182
58	5,200	400	49	98
59	6,000	400	49	112
60	4,000	400	56	28
61	4,400	400	56	63
62	5,400	400	56	266

续前表

序号	人均年收入（元）	人均年文化支出费用（元）	每年上网时间折合天数（天）	每年外出务工时间（天）
63	5,600	400	63	91
64	5,600	400	70	119
65	5,800	400	91	112
66	3,600	500	14	266
67	2,800	500	21	14
68	4,400	500	21	35
69	4,400	500	21	238
70	3,800	500	28	245
71	4,200	500	28	70
72	4,800	500	28	70
73	5,800	500	28	182
74	6,000	500	28	70
75	6,200	500	28	189
76	4,200	500	35	63
77	5,200	500	35	217
78	5,600	500	45	266
79	4,200	500	49	63
80	5,600	500	49	259
81	4,200	500	56	77
82	5,000	500	56	365
83	5,600	500	56	91
84	7,200	500	56	98
85	5,600	500	63	147
86	5,800	500	63	266
87	6,000	500	63	91
88	7,000	500	63	154
89	4,800	500	70	231
90	5,600	500	70	280
91	8,200	500	84	259
92	8,600	500	280	273
93	6,200	600	42	119
94	5,800	600	49	98
95	5,200	600	56	273
96	5,800	600	56	112
97	6,000	600	56	91
98	6,200	600	56	49
99	5,200	600	61	70
100	3,000	600	63	365
101	5,000	600	63	189
102	6,200	600	63	224
103	6,600	600	63	210
104	7,200	600	63	77
105	4,400	600	70	63

续前表

序号	人均年收入（元）	人均年文化支出费用（元）	每年上网时间折合天数（天）	每年外出务工时间（天）
106	7,000	600	70	287
107	7,000	600	70	112
108	6,400	600	84	231
109	7,400	600	91	168
110	8,400	600	168	210
111	7,800	600	210	154
112	8,800	600	210	210
113	9,500	600	224	119
114	3,600	700	28	231
115	6,000	700	42	210
116	5,000	700	56	238
117	8,400	700	63	280
118	8,400	700	63	273
119	7,000	700	77	259
120	8,000	700	84	365
121	8,600	700	91	175
122	8,600	700	91	287
123	9,000	700	182	238
124	8,400	700	224	273
125	9,500	700	238	56
126	9,000	700	287	266
127	10,000	700	294	161
128	4,000	800	35	238
129	8,400	800	63	126
130	8,800	800	77	210
131	9,500	800	91	56
132	7,800	800	98	280
133	8,200	800	98	175
134	9,500	800	161	231
135	8,800	800	210	365
136	9,500	800	210	112
137	8,200	800	224	105
138	8,600	800	259	365
139	9,500	800	280	210
140	10,000	800	280	365
141	10,000	800	280	189
142	10,000	800	287	161
143	10,000	800	294	252
144	8,200	900	56	63
145	7,600	900	77	280
146	8,800	900	91	365
147	10,000	900	210	203
148	10,000	900	210	365

续前表

序号	人均年收入（元）	人均年文化支出费用（元）	每年上网时间折合天数（天）	每年外出务工时间（天）
149	10,000	900	231	175
150	9,500	900	280	273
151	10,000	900	280	168
152	10,000	900	287	280
153	9,000	1,000	91	273
154	9,500	1,000	280	112
155	10,000	1,000	365	365
156	10,000	1,100	365	217
157	10,000	1,100	365	252
158	10,000	1,100	365	365

对于上文的调查统计资料，可以应用多元回归分析的方法对城乡统筹中农民和农民工的收入与大众传媒的关系进行分析，本书将多元回归的数学运算省略，此处只给出结论：农民和农民工家庭对大众传媒的文化支出与其收入正相关；通过大众传媒获得信息的农民和农民工人数比例与农民收入正相关；农民和农民工从事职业与其收入正相关；农民和农民工受教育程度与农民收入正相关；农民和农民工的文化支出与其职业正相关；农民和农民工的文化支出与受教育程度正相关。在影响农民和农民工收入增长的各种因素中，影响最大的是人均文化支出，它说明大众传媒具有较强的脱贫致富作用。

第四节 解决农村信息供需矛盾的基本途径

知识和信息在城乡的不均衡分布和传播是造成城乡差异的基本原因。在当前市场经济条件下，知识和信息是一种极其重要的生产要素。中国的农村存在着巨大的、持久的信息需求，但是信息供给严重不足。解决这一信息供需矛盾的基本途径是提高大众传媒对农业现代化作用的认识水平，将农村需要的公共信息纳入公共产品，将大众传媒在农村的传播率纳入农业现代化指标体系，通过政府推动和市场主导来帮助农民和农民工获得其发展所需要的大量信息。

一、提高认识：大众传媒是将信息化、城镇化、工业化和农业现代化连接在一起的纽带和桥梁

"十七大"提出了大力繁荣文化事业和文化产业的方针，"十八大"提出了信息化、城镇化、工业化、农业现代化四化同步发展的指导意见，为城乡统筹发展指明了科学的途径和方向。大众传媒在信息化、城镇化、工业化和农业现代化的每一个领域都发挥着独特的作用，它能将"四化"统一成一个有机的整体，促进"四化"协调和同步发展。

从信息化方面来看，大众传媒本身就是信息化的表现形式之一。大众传媒产业是信息产业的重要组成部分，大众传媒产业对其他产业的影响本质上就是信息化对其他产业的影响。

大众传媒越发达，信息化程度也就越高；大众传媒在城乡的传播差异越小，城乡的信息化程度差异也就越小。互联网既是信息化建设的基础设施，又是大众传媒的新形式和主要平台。

从城镇化方面来看，中国要走的是新型城镇化道路。传统的城镇化道路是以人口集中、工业和服务业集中、城市土地扩张、城乡差别扩大、生态环境损害为特征的，而新型城镇化则要以城乡一体、城乡统筹、城乡互动、节约集约、生态宜居、和谐发展为特征，以人为本、以智慧城市为方向。在新型城镇化过程中，城镇的方针、政策和对环境的管理需要大众传媒来传播；农民和农民工向哪座城市转移需要大众传媒来引导，城镇的形象和风貌需要大众传媒来展示。

新型城镇化的方向是智慧城市，是城市的信息化建设，而智慧城市或数字化建设的基础设施则是互联网，要通过互联网实现城市的数字化管理，例如：人口的数字化管理、房屋的数字化管理、土地的数字化管理、交通的数字化管理、经济的数字化管理、金融的数字化管理、社区的数字化管理、环境的数字化管理、公益设施和公用事业的数字化管理、文化的数字化管理、灾害的数字化管理、犯罪的数字化管理，等等。互联网的发展和应用也就必然带来大众传媒的发展和应用。

从工业化方面来看，我们已经处于信息化时代，处在从二元经济向现代经济转变的过程中。走新型工业化道路，必须坚持以信息化带动工业化，以工业化促进信息化。新型工业化道路的特点是"科技含量高、经济效益好、资源消耗低、环境污染少、人力资源得到充分发挥、工业化和信息化深度融合"。要实现这个目标就必须大力发展互联网。互联网在新型工业化过程中，不仅可以传播政府关于工业发展的政策和法律、法规，还可以传播政府的产业规划，引导工业生产要素如人才、资本、土地等要素的流动，发布产品供求信息，从而引导工业结构的调整和升级。

在新型工业化时期，互联网不仅是大众传媒的主要形式，而且成为万众创业的平台。美国的学者托马斯·弗里德曼（Thomas Friedman）在《世界是平的》一书中说："2000年左右，我们进入了一个新的世纪——全球化3.0，全球化3.0使得这个世界进一步缩小到了微型，同时平坦化了我们的竞争场地。如果说全球1.0版本的主要动力是国家，全球化2.0的主要动力是公司，那么全球化3.0的独特动力就是个人在全球范围内的合作与竞争……平坦的世界是个人计算机、光缆、工业流程软件的综合产物。"[①] 中国电商的发展充分证明了这一点，见表8-15。

表8-15　　　　中国分地区企业信息化及电子商务统计表（2013年）

地区	企业数（个）	期末使用计算机数（台）	每百人使用计算机数（台）	企业拥有网站数（个）	每百家企业拥有网站数（个）	有电子商务交易活动 (with E-Commerce Transactions)		电子商务销售额（亿元）	销售给单位金额（亿元）	销售给个人金额（亿元）	电子商务采购额（亿元）
						企业数（个）	比重（%）				
全国	853,705	36,530,303	20	486,884	57	44,289	5.2	56,683.6	50,643.8	6,039.8	34,662.9
北京	34,519	3,162,341	57	20,525	59	2,576	7.5	7,467.6	6,424.9	1,042.7	4,877.7
天津	17,163	795,258	27	9,147	53	924	5.4	1,053.7	967.9	85.7	930.8
河北	25,366	932,566	16	12,779	50	682	2.7	1,166.0	1,078.4	87.6	809.3
山西	13,224	551,072	16	5,710	43	233	1.8	315.3	286.5	28.8	295.9

---

① 〔美〕托马斯·弗里德曼著，何帆、肖莹莹、郝正非译：《世界是平的》，湖南科学技术出版社2006年版，第2页。

续前表

地区	企业数（个）	期末使用计算机数（台）	每百人使用计算机数（台）	企业拥有网站数（个）	每百家企业拥有网站数（个）	有电子商务交易活动 With, E-Commerce Transactions 企业数（个）	有电子商务交易活动 比重（%）	电子商务销售额（亿元）	销售给单位金额（亿元）	销售给个人金额（亿元）	电子商务采购额（亿元）
内蒙古	10,439	396,768	17	4,852	46	205	2.0	212.7	178.1	34.7	86.2
辽宁	38,190	1,172,900	16	16,012	42	766	2.0	1,327.6	1,163.1	164.5	848.5
吉林	11,326	421,497	17	5,089	45	195	1.7	159.6	122.8	36.8	100.4
黑龙江	11,528	447,855	19	4,374	38	173	1.5	364.4	319.0	45.5	612.6
上海	34,336	2,693,628	41	24,234	71	1,959	5.7	4,422.6	3,658.3	764.3	2,339.8
江苏	104,560	3,911,073	17	76,060	73	5,848	5.6	7,173.1	6,760.2	412.9	3,458.8
浙江	75,466	2,958,685	18	48,764	65	8,713	11.5	4,305.2	3,945.7	359.5	1,620.0
安徽	31,709	985,907	16	20,300	64	1,506	4.7	1,355.1	1,196.3	158.8	1,051.0
福建	33,637	1,261,514	15	19,025	57	1,937	5.8	1,710.5	1,576.0	134.5	709.8
江西	15,259	509,018	12	8,805	58	494	3.2	739.5	662.6	76.9	437.9
山东	80,685	2,253,930	15	39,760	49	3,685	4.6	4,111.4	3,871.2	240.2	3,527.7
河南	42,405	1,173,632	12	20,927	49	1,193	2.8	1,831.8	1,805.5	26.3	861.6
湖北	36,376	1,230,455	18	19,512	54	1,228	3.4	1,843.3	1,662.1	181.1	946.0
湖南	28,679	904,501	16	14,770	52	1,151	4.0	1,364.9	1,287.4	77.5	692.7
广东	88,121	5,611,448	26	55,718	63	6,787	7.7	10,279.1	9,004.8	1,274.3	7,690.8
广西	13,054	503,282	17	5,982	46	489	3.7	544.5	512.9	31.7	250.4
海南	2,735	146,446	34	1,904	70	131	4.8	177.2	93.0	84.3	70.1
重庆	18,389	760,575	17	8,713	47	640	3.5	999.8	937.8	62.0	213.7
四川	31,129	1,386,034	18	17,143	55	1,171	3.8	925.9	578.9	347.0	721.0
贵州	9,683	335,967	20	4,146	43	295	3.0	667.5	509.9	157.6	322.4
云南	13,314	531,742	21	6,373	48	407	3.1	1,182.3	1,146.8	35.4	503.4
西藏	487	17,159	22	207	43	18	3.7	33.8	32.1	1.7	19.9
陕西	13,102	639,118	20	7,277	56	354	2.7	552.1	502.9	49.2	293.7
甘肃	6,840	246,424	16	3,297	48	203	3.0	225.1	210.3	14.8	127.5
青海	1,755	93,675	23	886	50	41	2.3	35.3	35.1	0.1	23.8
宁夏	2,935	128,788	20	1,628	55	109	3.7	86.3	66.5	19.8	32.1
新疆	7,294	367,045	20	2,965	41	176	2.4	50.6	46.9	3.8	187.6

资料来源：《中国统计年鉴》（2014）

从现代农业方面来看，中国的农业信息化水平还非常低。这不仅表现在互联网在农村的覆盖率低，每百户家庭使用计算机的人非常少，而且还表现在农村的电子商务活动非常稀缺，农村缺乏城市企业那样的现代经济组织，大多数农民不能通过互联网获得发展现代农业的信息。中国的许多地方政府由于受财力限制，还未将大众传媒公共信息列入农村公共产品。农村公共产品通常被定义为满足农村公共需要的产品，它包括下列八类（表8-16）：

表8-16　　　　　　　　　　农村公共产品分类

1	农村交通道路，农业水利系统，农村电网等
2	农村社会保障
3	农村义务教育
4	农村公共卫生与基本医疗服务
5	农村文化馆，农村电信和有线电视网络
6	农村环保设施
7	农村行政管理与社会治安管理
8	农业发展公共信息

在上述公共产品供应中,由于前七类是有形的物质设施或具体的有形服务,而第八类农业发展公共信息是无形的产品,常被忽视。加之,互联网具有产业属性,依附于互联网的大众传播公共信息就很难满足农民的需求了,因此将公共信息列入公共产品具有重大意义。

二、将大众传媒公共信息获得纳入农业现代化指标体系

农业现代化是相对于传统农业而言的,是指从传统农业向现代农业转化的过程。在这个转化过程中,农业生产条件和手段会像工业一样,农业经营主体会逐渐变成现代企业组织,农业管理会实现现代化,农业劳动生产率会达到工业劳动生产率的水平,农民收入会大幅度提高,城乡二元结构会消失。

为了定量地反映农业现代化的程度,许多专家、学者设计了农业现代化的指标体系,表8-17是有代表性的一种指标体系:

表8-17 农业现代化评价指标体系

序号		二级指标	三级指标	单位
1	农业现代化评价指标体系	农业投入	农村人均固定资产投资	元/人
2			单位耕地面积农用机械总动力	千瓦/公顷
3			单位面积农用化肥施用量	千克/公顷
4			劳动力均耕地面积	公顷/人
5			有效灌溉率	%
6			农村人均用电量	度/人
7			初中以上劳动力比重	%
8		农业产出	劳动生产率	元/人
9			土地产出率	元/公顷
10			人均劳动力粮食产量	吨/人
11			第一产业占GDP比重	%
12			人均劳动力农业商品产值	元/人
13			农村人均GDP	元/人
14		农村发展	第一产业就业人口比重	%
15			农产品商品率	%
16			人口自然增产率	%
17			农村居家庭人均年收入	元/人
18			恩格尔系数	%
19			城镇化率	%
20		农村环境	成灾率	%
21			森林覆盖率	%

注:单位耕地面积粮食产量 吨/公顷

上述指标体系是我国地方政府在发展现代农业中普遍参照和采用的指标体系,也是国内研究这方面问题的多数学者所认同的一种指标体系。但是这一指标体系有一根本缺陷,就是缺乏反映农村信息化程度的指标,缺乏大众传媒在农村普及的指标;而大众传媒信息是发展现代农业的必要条件。

农业现代化不仅是农业生产条件的现代化,而且是农业管理的现代化、农业经营组织

的现代化和农民素质的现代化。无论从上述哪一个方面看，大众传媒中的电视和互联网都将发挥不可替代的重大作用。

正因为在认识上没有把农民的信息需求看成公共产品，没有把发展农业的公共信息列入现代化指标，这也是农村信息出现巨大供需矛盾的原因之一。发展互联网既是解决大众传媒在城乡不均衡传播的基本途径，又是发展现代农业的必要条件。

互联网具有双重性：它既有为大众服务的公益性质，又有按市场规律运行的产业性质，因此，它既要靠政府推动，又要靠市场推动。但从国外的实践来看，政府在通过大众传媒缩小城乡差距方面有许多成功的经验，而这一基本经验就是政府通过公共财力在乡村将大众传媒普及和信息化发展紧密结合起来。

本章小结

本章通过问卷调查，从农民和农民工获取知识和信息的需求类型、农民和农民工获取知识和信息的传播渠道、农民和农民工的收入与信息供需矛盾三个方面，就农民和农民工对知识和信息的需求进行了分析。同时提出了六个理论假设，结合调查问卷的统计资料，应用多元回归的方法对城乡统筹中农民和农民工的收入与大众传媒的关系进行分析。分析的结论是农民和农民工家庭对大众传媒的文化支出与其收入正相关；通过大众传媒获得信息的农民和农民工人数比例与农民收入正相关；农民和农民工从事职业与其收入正相关；农民和农民工受教育程度与农民收入正相关；农民和农民工的文化支出与其职业正相关；农民和农民工的文化支出与受教育程度正相关。在影响农民和农民工收入增长的各种因素中，影响最大的是人均文化支出，它说明大众传媒具有较强的脱贫致富作用。本章还提出了解决农村信息供需矛盾的基本途径。

第九章
全球传媒产业的发展趋势与大众传媒促进城乡统筹的国际经验

第一节 全球传媒产业的发展趋势与特点

传媒产业包括传统传媒产业和新兴传媒产业两大类。传统传媒产业指广播、电视、报纸、杂志及图书音像制品,新兴传媒产业指互联网。其发展具有以下趋势和特点:

一、在传统传媒产业中,广播电视业的发展高居首位

根据胡正荣主编的《全球传媒产业发展报告(2011)》,全球2006—2010年的全球传媒产业年均复合增长率(简称CAGR)为1.7%,2010年的总收入为7,817亿美元,在上述总收入中,广播电视行业的收入独占40%,其年均复合增长率为3%,远高于其他传统传媒产业的发展速度。在2006—2010年期间,全球的报纸、杂志的发行量、市场份额和广播收入均呈下降趋势,而卫星广播订购费、执照费和电视收入总体呈上升趋势。

二、在新兴传媒产业中,互联网的发展速度和品牌价值均遥遥领先于传统传媒产业

《全球传媒产业发展报告(2011)》显示,在2006—2010年期间互联网的年均复合增长率持续超过了20%,远高于传统传媒产业1.7%的增长速度。2011年,全球互联网广告和接入服务收入达到了320亿美元,年均复合增长率达13.4%。

三、从全球传媒产业的竞争力来看,美国高居全球传媒产业首位

2009年,美国传媒产业收入占全球总收入的47.9%。美国控制了全球75%的电视节

目的生产和制作,许多发展中国家的电视节目有60%—80%的栏目内容来自美国。美国电影产量虽然只占全球的6.7%,但放映时间却占据了全球的50%以上。

从全球传媒产业的国际竞争力评价指标体系看,一般采取两类指标:一是显示性指标,它表明国际竞争力的高低;另一类是分析性指标,它表明国际竞争力高低的原因。其三级指标体系如表9-1所示:

表9-1　　　　　　　　　　　　三级指标体系

一级指标	二级指标	三级指标
显示性指标	市场拓展能力	全球市场占有率
		本国传媒产业出口额占本国商品和服务出口比重
		本国传媒产业净出口额（出口额—进口额）
	产业盈利能力	产业规模
		平均资产利润率
		产业增加值
		人均利润率
分析性指标	企业竞争力资源条件	从业人员素质
		全员劳动生产率
		企业品牌
		人口受教育程度
		本国官方语言全球影响力
		人均收入水平
	知识吸收与技术创新能力	采编人员比例
		研究人员比例（R&D）
		R&D经费比例
	政府作用于制度和管理体制	政府效率
		法律法规完善度
		市场成熟度
	相关产业支持力	信息产业规模
		信息化状况

注:根据蔡继辉等《传媒产业国际竞争力评价研究》一文指标体系改编

从全球传媒产业的发展趋势看,基本上是基于波特的钻石模型对产业竞争力进行评价。根据上述指标体系进行评价,毫无疑问,西方的传媒产业在全球传媒产业中占有绝对优势地位,而美国又高居首位。

四、在西方传媒产业的发展中,产业化趋势居于主导地位,公共服务居于从属地位

传统产业是融合技术、信息、文化、创意、经济、娱乐与意识形态的精神产品生产行业。因此,发达国家基本是把它作为国家战略性产业来扶持的。在西方经济学中,一直有政府干预和自由放任两大流派。前者主张对市场经济要用政府这只"看得见的手"来进行干预;后者则主张由市场这只"看不见的手"进行自发调节,反对政府对市场经济进行干预。相应的,前者主张政府对传媒产业要进行规制,即主张政府通过实施法律和规章制度来约束传媒产业的主体行为;而后者则主张放松对传媒产业主体行为的约束。

主张对传媒产业进行政府规制的原因如下:

(1) 广播电视等传统媒体要依靠无线电波频谱资源,而无线电波频谱资源是有限的稀缺资源,这种技术特性使得各国确定无线电波谱资源为公共资源,属于国有。

(2) 防止传媒产业高度垄断,因为缺乏竞争就无法反映多元化的社会。

(3) 传媒产业既有意识形态作用,也有产业发展作用。既带有上层建筑性质,又有经济基础和生产力的性质,处理好二者关系十分重要。

第二节 大众传媒对城乡发展影响的国际借鉴

大众传媒在统筹城乡发展中发挥着巨大的促进作用。无论运用哈耶克的知识分工理论、舒尔茨的人力资本理论,还是运用传播学的知沟理论,都能对大众传媒与城乡发展的关系做出较好的解释。许多国家都认识到了大众传媒对乡村的影响,并制定了适合本国的政策来扩大媒介在乡村中的影响。比较典型的是韩国、日本、美国和印度。

一、韩国的新农村运动与大众传媒

韩国是亚洲"四小龙"之一,是第二次世界大战后发展起来的新型工业化国家,全国国土面积9.8万平方公里,2008年人口约4,453万人,其中农业人口516.7万人,占全国总人口的10.9%,城市化率高达89.1%。全国耕地面积203.3万公顷(约合3,050万亩),人均耕地6亩左右。由于人多地少,韩国的农业主要是以小规模家庭经营为主,这一特点和中国非常相似。

韩国破解城乡二元结构难题一方面是靠发展农业科技推动"绿色革命";另一方面则是通过大众传媒的号召开展"新农村运动"。韩国的新农村运动始于20世纪80年代。韩国政府于1972—1976年实施了"第三个五年计划",把均衡发展工农业放在了经济发展目标的首位,以建设更美好的乡村为目的,开展了一场"新农村"建设运动。该运动大体分为四个阶段:

(1) 1970—1973年为启动建设阶段,这一阶段主要是建立全国性的新农村运动中央协谈会,形成全国性的网络,培养了一大批新农村运动指导员。第一阶段实质上是大造舆论环境。

(2) 1974—1976年为实施建设初期阶段,重点是改善农村居住条件,建设乡村文化设施,如村民会馆、读书室、敬老院等。第二阶段实质上是发展农村基础设施。

(3) 1977—1981年为提高阶段,重点是发展特色农业和农产品加工业,建设农产品流通市场和农工开发区等。第三阶段实质上是发展现代农业。

(4) 1981—1988年,韩国的新农村建设由政府主导型逐渐转变为民间主导型,变成了国民的自觉行动。第四阶段实际上是使新农村运动向纵深发展。

韩国的新农村运动增加了农民收入,改善了农村基础设施,加速了农村的城镇化进程,最终扩展为影响全国的全民道德活动。2004年,韩国人均GDP达到1.4万美元,城乡居民收入比为1∶0.84,基本上实现了城乡协调发展。在新农村运动中,韩国的大众传媒发挥了至关重要的作用。

首先是韩国广播电台采用移动方式在农村进行集中传播。政府组织农村居民集中收听，组成农家讨论广播小组，在"人的革命"中对农民素质进行提高，充分发挥了当时大众传媒的导向性功能，始终强调"勤勉、自助、合作"精神。

其次是韩国报刊发动城市各界关注农村，构建城乡互助互补机制。例如，2004年6月，韩国人联合会联合农协中央会和《文化日报》，发起了"一社一村运动"，号召一家企业与一家农村结成姊妹关系，帮助农村解决一些实际困难，实行城乡互助。这和中国的城乡对口支援很相似。这一运动经大众传媒的广泛宣传、号召，形成了全国的城乡互助机制和多种新型合作方式。

二、美国的信息化推动城乡均衡发展模式

美国是世界上农业最发达的国家，是最大的粮食出口国。如果说韩国农业的特点是以家庭规模经营为主的话，美国农业的特点则是以家庭农场为基础的大规模经营。2008年，美国有200多万农业劳动力，204万个农场，每个农场的平均规模为193.4公顷（约合2,900多亩）即每个家庭农场的经营规模在3,000亩左右。

美国发展现代农业的主要做法是把农业的教育、研究和技术推广作为政府的重要职能，而大众传媒在政府的这一职能中发挥了信息传播的关键作用。在对农信息传播上，从传统媒介到互联网的应用，美国都最大限度地发挥了媒介的作用以促进农业发展。在传统电视媒介对农业节目的制作上，美国采取制播分离形式，聘请农业专业研究人员参与节目设计制作，突出农业节目特点，保证质量；同时采取区域性布局制作节目、全国覆盖播出的方式，有的放矢。这样的方式，不仅保证了农业节目的专业性、针对性，同时将资源资金做到了最大效用的整合。

同时，互联网在美国农业信息传播中仍占据着举足轻重的作用。美国以政府为主体构建了庞大、完善、规范的农村信息服务体系，其政府对农业的补贴、支持、财政转移支付，大量的资金不是直接补贴农产品生产，而是通过支持农村信息化建设让农业和农民受益。美国乡村的农业信息传播主要依靠互联网，这一信息网以美国国家农业部为主线，地区及州县相互配合，可以在网络世界里与村民直接对接，从而形成完整规范的农业信息传播体系。美国农村信息化的发展依靠国家在资金和技术上的高投入来支持信息资源的长期积累和低成本共享。大量基础投入用于农业信息系统的多项硬件建设，同时每年有高达10亿美元的农业信息经费支持（占农业行政事业费的1/10）。国家级农业和农村科技信息中心群的建立，将美国的农村信息化提升到相当高的水平，实现了农村信息资源的广泛共享。由政府生产、拥有和政府资助生产的农村科技信息实行"完全与开放"的共享政策。社会各阶层均可以以最方便的方式，不受任何歧视地得到所需的数据。美国国家农业数据库（AGIUCO-LA）、国家海洋与大气管理局数据库（NO-AA）、地质调查局数据库（USGS）等，都是在政策支持和政府资金投入下建成的规模化、影响度高的涉农信息数据中心，对美国农业发展发挥了重要的推动作用。

而从《让宽带接入美国农村》（*Bringing Broadband to Rural America*）、《农村宽带战略报告》（*Report on a Rural Broadband Strategy*）中可以看出，美国的农村信息化水平在领先世界的情况下，仍继续加大投入，逐步深入。该报告是美国农村宽带发展战略的

报告，它认为美国还没有成功地将宽带带给每一个人。多年来，美国农村的许多地区被搁置在数字革命的边缘，大多数美国农村的历史仍被认为是人口太稀少、地域太遥远，而又无法完全与国家的基础设施接轨。由于许多人在人口较稠密的地区工作，教育、娱乐保健、公共活动、上网等活动还没有在美国的农村人中得到普及。农村地区的政府和企业缺少应用宽带有效工作的机会，基础设施的部署未能跟上经济快速增长和可靠连接的需求。

2008年，农业法案使美国国会认识到，在农村地区，越来越急迫地需要宽带。这项法案要求联邦通信委员会主席在美国农业部秘书的协调下，向国会提出报告来说明一项全面的农村宽带战略。该战略建议改善行动须包括改善机构间的宽带政策和举措的协调，对宽带在农村地区需求进行评估以及研究如何利用具体的联邦机构的计划和资源来克服目前阻碍农村宽带配置的障碍。

2009年美国通过"复苏和再投资法"即"经济激励计划"，国会拨款72亿美元宽带增款。贷款和贷款担保由美国农业部农村公用事业服务处（RUS）和美国商务部国家电信和信息管理局（NTIA）负责。复苏和再投资法案责成委员会在2010年2月制定并向国会上报国家宽带计划，以确保每个美国人能拥有宽带接入能力。

奥巴马总统上任后不久，其政府开始发挥重要的领导作用，努力扩大在全国各地的宽带普及率。在跨部门工作组主持下，国家经济委员会汇聚了代表广泛的跨部门的联邦机构，包括美国联邦通讯委员会（FCC），以协调执行国家的宽带议程。工作组组织了前所未有的论坛，为来自不同联邦机构的专家举行会议并开展讨论，协调各联邦宽带计划和政策，并确定早期行动计划。政府和国会的努力成为发展农村宽带战略必不可少的重要组成部分。通过联邦政府部门间协同和跨部门工作组的努力，确保了2010年2月17日国会上交的报告和国家宽带计划不是孤立的报告，而是多部门通力合作制定，所有美国人负担得起的、有价值的宽带服务国家计划。其中第11点指出，"农村宽带解决方案应反映对可供选择技术的全方位考虑，而不应超越长期目标仅着眼于短期目标。农村宽带将包括各种不同的技术，美国农村的目标应如非农村地区，共同支持国家最先进的、安全和灵活的宽带服务，然而，农村的网络配置应以耐久性、可靠性、开放性、可扩展性和互操作性为设计原则，使它们能够随着时间的推移跟得上国家其他地区的消费者和企业的应用和服务"。

虽然处于国家项目的早期阶段，报告仍提出建议，并希望加速在美国每个角落、每个家庭和企业都能广泛应用最先进的宽带接入设施。这种变革可与美国内战前使商业流通成为可能的道路、河渠、港口建设，19世纪末期使美国大陆发展壮大的州际铁路建设，在上个世纪开辟了道路快速交通和人口迁移的美国国家高速公路系统建设，以及将电话和电力服务拓展到边远角落的巨大努力相媲美。永远连接的宽带技术能够成为解决美国农村面临的众多问题的重要因素，例如：在农村提供一个大学生参加的远程研讨会；让病人在农村诊所由城市医院的专家远程会诊；允许一个农场家庭使用智能电网，以减少其能源消耗。因此，向农村地区提供无处不在的宽带服务将有助于恢复经济增长性，并为居住和工作在这些区域的美国人提供发展机会。

美国的信息化推动农业现代化的经验值得我国借鉴和学习。

三、日本的农村信息化与科技推广体系

日本和中国一样，是一个人多地少的国家。2010年，日本全国的耕地面积不到8,000

万亩，其农业的基本特点是分散的小农经济。日本的农业现代化是建立在小规模经营的小农经济基础上的现代化。尽管和中国、韩国同是小规模经营，但日本的农业科学技术却很发达。日本从 1976 年就开始普及高中教育，较高的受教育程度使得日本农民易于接受和普及农业科技知识与信息。

1970 年末，为振兴产业，促进地方经济发展，使逐渐衰败的农村重新振兴起来，日本开展了造村运动。在日本的造村运动中，最具知名度的是由 1979 年开始提倡的"一村一品"运动，要求一个地方根据自身的条件和优势，发展一种或几种有特色的、在一定的销售半径内名列前茅的拳头产品，打入国内和国际市场。在"一村一品"运动中，借助广播、电视、报纸、网络等各种媒介宣传"一村一品"的成果，通过展销会推广产品提升"一村一品"产品的知名度，将大众传媒的综合效力与推动经济发展、缩小城乡差距的社会发展相结合。

日本一直重视农业和农村的信息化工作，并视其为推进农村发展的重要资源，由农林水产省、邮政省、自治省、国土资源厅等省厅，从谋求国土经济平衡发展的战略高度联手推进农业信息化。政府主要负责农村信息化的市场规则及发展政策的制定、通讯网络及地方网络的基础设施建设、农业科技信息网的建立。同时，无偿地向农民提供各种技术信息，通过网络将技术服务送到农家。为了促进计算机进入农户，日本政府将农户购买计算机的资金纳入农户大型农业投入补助金范围之内。还开办各种类型的培训班，政府所派的农技指导员除了教农民农业技术以外，还承担了计算机的教学工作，促进农村计算机的普及。现在的日本农业市场信息传播主要依靠互联网完成。日本国内农产品中央批发市场和地区批发市场及海关已实现了联网，每天适时发布各种农产品的销售数量和进出口通关量。此外，"日本农协"自主统计发布了全国 1,800 种农产品的生产数量和价格行情预测。凭借互联网的便捷及完善的信息系统，日本农民对国内市场和世界市场农产品价格及生产数量有了较全面的了解，由此可及时调整生产品种及产量。

四、印度的农业信息化实践

印度是一个以农业为主的发展中国家，同中国农民类似，印度农民需求最迫切的是价格信息，其次是生产质量信息，再次是农业科技信息。同其他国家的经验一样，在印度也是以政府为主导，由农业部和农业研究委员会承担为农民提供信息服务的工作，以期实现全国资源的快速传递和共享。农业部和农业研究委员会每年在生产季节前派专家去农村为农民提供技术指导及技术信息服务。

与其他国家不同的是，印度的农业信息化有自己的优势和路径，即重视农村中 IT 人才的教育和培训。众所周知，印度已经成为仅次于美国的世界第二大计算机软件出口国，其软件业年均增长率一直保持在 50% 以上（世界软件业年均增长率是 20%）。印度的产品占据了全世界软件市场将近 20% 的份额和 60% 以上的美国软件销售市场。通过十余年的发展，印度已形成了自己的软件出口产业体系，在发展道路、技能培训和政府支持等方面具有独到的特色。软件产业的发展为农村信息化注入了活力和信心。印度有私营的、专门从事信息技术培训的公司，这些公司从农村挑选一些农民，免费为他们提供信息技术培训，包括计算机基础应用、高级软件开发等不同程度的技能培训。培训后的农民可以在该公司就业，并参与该公司承担的国际外包项目。为了保障妇女的就业机会，这些公司规定，不少于20%的培训名额是提供给妇女进行免费培训的。通过多媒体课件教授手工艺品的基本制作方法，如刺绣、艺术蜡烛制作等，经培训后的妇女基本都能找到工作，从事手工艺品制作或从事与计算机应用相关的工作。此外，这些公司还为这些培训者积极提供参与国际交流和学习的机会。

此外，印度在农村信息化中还有一些独到的经验：一是政府通过减免个人购买计算机和软件所得税、下调互联网收费标准和降低农民获取信息的费用等措施支持农业信息化的发展。二是政府负责管理和实施知识信息计划，由村民自治组织筹集资金建立独立运营的信息网络分中心，政府负责在网上发布信息和开展电子政务，村民使用网络时给村民自治组织付费。政府采用这种公私合伙的形式，鼓励私人资本投资。公私共享的合作模式保证了知识信息在经济上的持续共享。三是政府实施了一项名为"邮车网络"（Post Net）的无线网络计划，在通往农村的公共汽车上安装无线互联网收发机，当公共汽车经过村子时，农户计算机中的软件将自动转到"连通方式"，通过网络每天为农民提供至少两次了解农业信息和气象信息的机会。在电信基础设施很不完善的印度，政府采取的一系列发展信息技术的措施惠及农民。印度在农村信息化建设方面的许多经验更值得我们借鉴。

通过对韩国、美国、日本、印度等国的共同经验总结，不论是发达国家还是发展中国家，都认识到了大众传媒对农村的影响，特别是互联网在信息传播中的重要作用。这些国家通过制定适合本国的信息传播政策，扩大传媒在农村中的影响力，从而改变知识和信息在城乡中的分布不均，逐渐缩小城乡之间的差距。

在借鉴国外经验的同时，我们还必须注意到中国和西方发达国家的国情不同、发展阶段不同，因此不能照搬国外经验，而只能结合中国国情进行探索和创新。中国是一个二元经济结构典型的国家，城乡差别巨大。而美国等西方发达国家城乡差别不大，已实行一体化发展。从发展阶段来看，中国还处于工业化中后期阶段。由于传媒产业在社会生活中特别是在城乡发展中的巨大作用，这一国情特点和阶段特征就决定了中国的传媒业应是公益性和经营性并重，在农村应以发展公益性传媒事业为主。而在美国等西方发达国家传媒业则是以经营性为主。事实上，即使在西方发达国家，也有以英国BBC为代表的坚持以公共服务为理念的广播公司。

英国BBC公司是世界首家以公共服务为宗旨的广播公司，它是国际公共广播媒体的代表。英国BBC公司自1922年成立以来，不断进行变革，于1994年组建了环球公司。2010年，英国BBC公司推出了全球最大的媒介素养培育项目"首次触网工程"，支持和鼓励英国约920万从未使用过互联网的公众学习和使用互联网。英国BBC公司的管理体制经历了从私营到公营，又从公营到公私并行的产业发展轨迹。1927年，英国BBC公司由私营体制转为公营并对全社会负责，其经费来源主要是向英国民众收取电视执照费，这种电视执照费是在购买电视机时被要求缴纳的，是其坚持公共服务理念的物质基础。英国BBC公司收取的电视执照费大部分用于制作节目，即用公众的钱为公众服务。2009年，英国BBC公司全年电视执照费为34.47亿英镑，其85%用来制作节目。1927—1954年，英国BBC公司垄断了英国的广播电视资源。1954年，英国通过了《电视法》，开放了英国的广播电视市场。从此，英国BBC公司这种公共服务与商业电视之间开始了激烈的市场竞争。1996年，英国政府重新核发了给英国BBC公司的皇家特许经营许可证，允许英国BBC公司在公共服务的同时可以进行"商业服务"，但对"商业服务"的内容、定义、经济来源等做出了严格规定。英国BBC公司表示要把商业活动和公共服务区分开来，并保证商业活动不使用公共资金，这种双重身份和双重定位对于我国有一定借鉴意义。英国BBC公司一直坚持公民在信息获取、信息享有等方面具有平等权利，它强调要满足所有公民的信息、文化和娱乐需求。这一点对于如何缩小中国城乡居民在信息、文化和娱乐需求权利的巨大差别有很大借鉴和启发意义。

本章小结

本章阐述了全球传媒产业的发展趋势与特点，介绍了韩国的新农村运动、美国的信息化推动城乡均衡发展的模式、日本的农村信息化与科技推广体系、印度的农业信息化实践。通过对国外大众传媒推动城乡发展的经验分析，探讨了在全球传媒产业发展的大趋势下如何结合中国国情，让中国的大众传媒为中国城乡经济社会的发展服务。

第十章
大众传媒在城乡统筹中的发展趋势与改革方向

第一节　中国传媒产业的发展特点与基本问题

一、中国传媒产业的发展特点

首先，改革开放以来，中国传媒产业一直保持了高速发展的基本态势。中国传媒产业发展的高速态势不仅体现在新闻出版行业中，而且体现在广播电视和互联网行业的发展中。2010 年，中国出版、印刷和发行服务业实现增值 3,503 亿元，比 2009 年同比增长 13.0%，其中，期刊和报纸定价总金额增幅从 2005 年起一直在 10% 以上。当然，由于物价上涨的原因，期刊和报纸的品种和印数基本持平。日报出版规模连续 9 年居世界第一位，图书在 2009 年的总印数也达 70.3 亿册，居世界第一位。

从广播电视来看，到 2010 年底，中国共开办广播电台 227 座，电视台 247 座，广播电视台 2120 座，教育电视台 44 座。2010 年中国的广播人口覆盖率已达 97.62%。2012 年，中国广播电影电视总收入为 2,459.08 亿元，比 2009 年增长 25% 以上。

从互联网来看，2010 年底，中国互联网站数量达 191 万个，其中 CN 网站为 113 万个，占网站整体的 59.2%。2010 年底，中国网民总数已达 4.57 亿人，比 2009 年底新增网民 7,330 万人，年增幅 19.1%，占全球网民总数的 27.2%，互联网网民的 55.4%。2014 年，中国互联网普及率已达 34.3%，网民已达 5.82 亿人，互联网已是中国经济增长最快的领域。随着中国网民规模的扩大，中国的互联网企业也呈高速增长态势。

其次，中国传媒产业的整体竞争力在国际上还很低，还处于净进口状态。

中国的工业制造业产品在世界上具有较强的竞争力，一直处于净出口状态，保持贸易顺差。与工业制成品不同，中国的出版物进口则一直保持贸易逆差，进出口金额比例为 9∶1，也就是说图书、杂志的进口额是出口额的 9 倍。从电视节目来看，进出口比例为 2∶1，以 2008 年为例，电视节目进口额为 20,550 万元，而出口额为 10,300 万元，基本是 2∶1。

上述事实表明，中国的传媒产业要做大做强，提高国际竞争力，还有很长的路要走。

最后，中国的传媒产业发展还很不平衡，东部强，西部弱；城市强，农村弱。中国传媒产业在东西部之间、城乡之间发展的巨大差距在本文的第三至第六章中已有详细表述，此处不再重复。

传媒产业是一个影响力和带动力都很强的产业，由于传媒产业的发展不平衡，致使其未能充分发挥对中国经济、社会的促进作用，也未能在城乡统筹这一中国社会的主要发展矛盾中发挥其应有的功能与作用。

二、 中国传媒产业的基本问题

中国传媒产业的基本问题是管理体制混乱，发展方向上在公益性与经营性之间徘徊，缺乏明确的方向定位和统一的管理机构与规范的法律、政策体系。与国外发达国家的媒介业的发展道路不同，政策开放以来，中国的媒体是在政府绝对控制的背景下，由计划管理体制逐步向市场经济管理体制转轨的，媒介管理业经历了一个逐步放松的过程和逐步完善的过程。

1983 年，广播电视部下发了《关于广播电视工作的汇报提纲》，确定了中央、省、市、县四级办台的方针。1996 年，中共中央办公厅、国务院办公厅下发了《关于加强新闻出版广播电视业管理的通知》，确定了"控制总量、调整结构、提高质量、增进效益"的基本原则。1999 年，信息产业部和国家广播电影电视总局下发了《关于加强广播电视有线网络建设管理的意见》，提出了"四级变两级"，组建广播电视集团的改革意见。2001 年，中共中央宣传部、国家广电总局、新闻出版总署下发了《关于深化新闻出版广播影视业改革的若干意见》，提出了在宏观和微观管理体制上创新，做大做强广电集团的意见。2003 年 7 月，中共中央宣传部、文化部、国家广电总局、新闻出版总署联合下发了《关于文化体制改革的意见》，提出了将传媒产业分为公益性事业和经营性产业两大类的改革意见。2005 年，中共中央、国务院下发了《中共中央国务院关于深化文化体制改革的若干意见》，强调对传媒产业要区别对待，分类指导，公益性事业要加大投入改善服务，经营性文化产业要创新体制、增强实力的方针。2009 年，国务院批准了《文化产业振兴规划》，该规划明确了我国传媒产业的发展方向。2011 年 11 月，"十八大"又做出了《关于深化文化体制改革促进社会主义文化大发展大繁荣的若干意见》，对传媒产业的发展提出了明确的发展方向与定位。

但是，在具体执行过程中，中国传媒业还是出现了下列问题：

（1）将传媒产业分为公益性事业和经营性产业是很正确的，也是符合中国国情的。但是在执行过程中，传媒产业所推行的"事业单位性质，企业化管理"的模式却使一些媒体一方面以"事业单位属性"谋取政府的特殊优惠；另一方面又以企业化经营为借口，忽略公共利益，利用公共资源谋取本部门的特殊利益。究其原因在于产权明晰方面没有明确哪些媒体和哪些环节应是公益性的，而哪些媒体、哪些环节又应是经营性的。

（2）传媒产业缺乏一个统一的规划和管理机构来引导传媒产业覆盖落后的农村地区。以现状来看，传媒产业的电子信息技术硬件属于工信部管理，广播电视属于广电总局管理，一些文化团体又属于文化部管理，由于多头管理，在各种媒体相互融合、相互渗透的大趋势下，很难形成跨区域、跨行业、跨上下游产业链的具有国际竞争力的传媒产业集团。值得高兴的是，管理机构和一些媒体已经认识到了这一点，在管理和资源整合上已经做出了调整和探索，不过对于广大的中国市场而言，仍是一项长期而艰巨的任务。

（3）缺乏明确的法律法规体系和政策体系引导传媒产业，促进农村地区的发展。在市场经济条件下，大众传媒是市场信号的主要载体，市场信号是引导生产要素流动的指示器。知识和信息在城乡的不均衡分布导致了城乡差距的加大，而在市场经济条件下，获得知识和信息是需要付费的，这就需要政府的干预来引导知识和信息向落后的农村流动。它一方面需要遵循传媒业的发展规律，把握全球传媒业的发展大趋势，将中国的传媒业做大做强；另一方面又要借鉴国外传媒业在促进农村发展方面的做法与经验，促进中国的城乡统筹发展。

第二节 大众传媒的改革方向和促进城乡统筹发展的政策建议

党的十七届六中全会关于社会主义文化大发展大繁荣的若干意见指出："要大力发展公益性的文化事业，满足城乡居民的基本信息文化需求。"这可以看成是缩小知识和信息在城乡分布不均衡的重大战略措施。"十八大"提出："坚持走中国特色新型工业化、信息化、城镇化、农业现代化道路，推动信息化和工业化深度融合、工业化和城镇化良性互动、城镇化和农业现代化相互协调，促进工业化、信息化、城镇化、农业现代化同步发展。"这一"四化同步"理论明确了用信息化促进农业现代化和城乡统筹发展的基本方针，而大众传媒是信息化的主要表现形式。

笔者认为大众传媒的改革和发展方向是通过改革中国大众传媒的管理体制，将中国大众传媒分成公益性和经营性两大类。公益性大众传媒的主要功能是满足城乡居民的基本信息文化需求，改变基本知识和信息在城乡的不均衡分布，缩小城乡之间、区域之间的知识鸿沟，促进城乡协调发展。经营性大众传媒的主要功能是满足城乡居民的非基本知识与信息需求，通过市场机制形成与国际接轨的大型传媒集团，提高大型传媒集团的国际竞争力，形成有中国特色的传媒产业集团，中国的大众传媒的发展与改革有三个任务：其一是为中国的经济、社会发展服务，传播中国的信息；其二是将中国的信息传播到世界各国，让世界正确地了解中国、认识中国；其三是将世界各国的信息传播到中国，让中国人正确地了解世界，认识世界的变化趋势与规律。要让世界了解中国、认识中国和让中国人了解世界、认识世界，就要遵循大众传媒的国际传播规律，就要和国际接轨。要为中国的经济社会发展服务，就要遵循中国经济、社会发展的特殊规律，就要具有中国特色。本章就是在全球传媒产业发展的大趋势下探讨中国传媒的发展趋势与管理体制改革，探讨大众传媒如何更好地为城乡统筹发展服务的。

一、明确公益性大众传媒与经营性大众传媒的判别标准与政策界限

由于大众传媒既具有公益性功能，又具有产业性功能，但公益性大众传媒具有功能的人口全覆盖性、运行经费来源的公共性、利用效果的显著性三个特点，因此本文设计了如

表10-1的初步指标体系予以判定：

表 10-1　　　　　　　　　　大众传媒城乡统筹发展指标体系

一级指标	二级指标	权重
大众传媒覆盖率 X_1	（1）有线电视入户率百分比 （2）互联网入户率百分比 （3）每万人拥有图书、杂志数量百分比 （4）每万人拥有报纸数量百分比 （5）村级图书馆、文化馆覆盖率百分比	λ_1
财政公共拨款占经营费用比例 X_2	（1）公共拨款占广播电视运行费比例 （2）公共拨款占互联网运行费比例 （3）图书、杂志公共支出费占支出总费比例 （4）报纸公共支出费占支出总费比例 （5）图书、文化馆运行费占总运行费比例	λ_2
利用大众传媒的公益性 X_3	（1）农民工利用大众传媒求职的比例 （2）农民利用大众传媒购买生产资料的比例 （3）农民和农民工利用大众传媒获得政策信息的比例 （4）农民和农民工利用大众传媒反映基本需求的比例	λ_3
收入与大众传媒支出的关系 X_4	（1）城市居民地区可支配收入 （2）农村居民地区纯收入 （3）大众传媒支出占农村居民收入比例 （4）大众传媒支出占城市居民收入比例	λ_4

由于数据收集的困难，这里只提出了中国地区公益性大众传媒的发展指数的指标体系，尚未建立模型并做进一步验证，但笔者认为该指标体系的基本思路和方法是正确且可行的。

经营性传媒的基本特点是功能的人口覆盖具有特殊性，它满足的是部分人群的特殊需求，其运行经费来源主要是市场，其竞争力主要表现为报纸、杂志、图书和音像制品等精神产品的净出口率（即出口金额减去进口金额为净出口率），它应当与国际市场接轨。对于经营性传媒的发展指数也可根据上述特点设计出一、二级指标体系并用模型表达，但这里主要研究的是如何利用公益性大众传媒缩小城乡差距，故在此处省略。

对公益性大众传媒实行事业化管理和政府财政补贴，对经营性传媒实行企业化管理，不给予政府财政补贴。对同一媒体既具有公益性功能又具有产业化功能者，政府在实行财政补贴的同时，规定其公益性的责任。比如，规定报纸中满足农民基本信息需求的版面比例，规定广播电视中满足农民基本信息与知识需求的频道数量与播出时间比例等。

规定公益大众传媒的最低与最高收费价格，对经营性传媒则实行市场价格。

二、大力优先发展互联网事业和产业

互联网是科学技术高度发达的产物，其发展程度是信息社会发达与否的重要标尺。与传统的报纸、杂志、广播、电视等大众传媒相比，互联网具有发展迅速、参与广泛、影响力大、反应迅速等特点。随着信息技术的飞速发展，互联网正越来越深刻地影响并改变着人们的生活和工作方式。它既能传递正面积极的能量，也能传递负面消极的能量，正如原子能既可以用于和平目的，造福人类，又可以用于战争，危害人类，问题的关键在于人们如何利用它。加强互联网的健康发展不仅具有巨大的现实意义，也会产生深远的历史影响。"十八大"后，出台的《关于社会主义文化大发展大繁荣的若干意见》中指出："要大力发展公益性的文化事业，满足城市居民的基本信息文化需求。"党的"十八大"报告中指出："坚持面向基层，服务群众、加快推进重点文化惠民工程，加大对农村和欠发达地区文化建设的帮扶力度，继续推动公共服务设施向社会免费开放。"上述科学论断为互联网在区域发展中的作用指明了方向。

互联网是文化事业的重要组成部分，也是信息化的重要内容，无论是从文化产业大发展的角度看，还是从信息化、工业化、城镇化、农业现代化同步发展的角度看，都需要加快发展，上升到国家战略进行全局规划。对一个地区而言，则要将互联网基础设施建设的布局和建设纳入城市总体规划。就重庆而言，主城区要建设成为中国西部的重要信息中心，而各区县则应当向村村通广播工程那样实现村村通互联网，使互联网基础设施建设实现新的突破。只有互联网基础设施规划建设到村，互联网的作用与功能才能在基层普遍、持久地得以发挥。

信息化的内涵是包括信息的采集、信息的传输、信息的处理、信息的作用、信息的基础设施建设，有关信息化的法律、标准、政策等方面的内容，让信息在社会生产生活中发挥全过程作用的设施和行为的总和。城市互联网建设的重点目标是建成智慧城市与智慧园区。

所谓智慧城市，就是在城市的规划、建设、管理和运行中实现信息化、数字化、网络化。在城市规划过程中，应当采集全世界城市先进建设的信息，设计出具有中国特色、时代风貌的现代都市形象。在城市建设中，应当将地下管网、地上建筑、功能发挥、空间布局统一考虑。在城市管理中，最主要的是使城市交通、城市各单元的联系实现数字化管理。在城市运行中，政府、企事业单位、社区的活动与管理形成数字化网络，综合利用各类信息技术和互联网，以"数字化、智能化、互动化、协同化、融合化"为主要特征，通过对城市内人与物及其行为的全面互动互通，优化并提升城市运行的效率，实现生活更加便捷、环境更加友好、资源更加节约的可持续发展城市。智慧城市在"十二五"期间已成为我国城市发展的主要模式。2013年1月和8月，住建部先后公布了两批国家智慧城市试点名单，由于重庆是全国城乡统筹试验区，重庆的南岸区、两江新区、永川区和江北区被选为试点城市。

智慧城市推进新型城镇化集约、智能、绿色的重要举措，是创新社会管理、促进公共服务均等化、保障和改善民生的重要手段。支撑"智慧城市"的核心基础，是依托物联网的智能应用技术。

所谓智能园区，就是让园区内的企业产品设施信息化，包括使用各种计算机辅助技术；同时使产品的生产过程信息化，产品的销售及售后服务信息化。建设智能园区将给园区内的企业带来很多好处，例如：提高企业竞争力；提高产品的技术含量，加快产品结构调整；促进企业现代化管理；将产供销联结为一个整体，随时把握供需动态；促进企业的国际合作。

农村的互联网建设目标重点是建设社会主义新农村，在农业生产的产前、产中和产后普遍应用互联网。

对于建设社会主义新农村和发展现代农业，可以采取如下措施：

（1）在2025年前实现互联网99%入户，实现互联网在中国城乡全覆盖。

（2）加强计算机操作使用培训。对于城乡的企事业和机关职工，由企事业和机关负责免费培训；对于城区老年人、妇女和农民工可以在社区实行免费培训；对于农村居民由乡政府组织培训。从而普及信息传输、查询和初步使用知识与技能。

（3）对电脑下乡实行政策性补贴，对于低收入户和农村居民互联网入户的费用实行政策性补贴。

（4）加强信息化基础设施建设，建立一个连接城乡党政机关、企事业单位（包括学校、医院在内）、社区、家庭的网络系统，建立控制中心，完善查询系统、公共信息发布系统和安全监控系统。

（5）对工业园区、物流园区率先实现产品设计、产品生产、产品销售、原材料采购和售后服务信息化的企业实行表彰并免征2—3年所得税。

（6）通过互联网实现对民生问题的信息采集与民意调查，通过互联网实现对社会和谐问题的群众安全感指数、突发事件处理满意度、政务公开满意度、廉政建设满意度等指标信息的收集与反馈，让互联网成为沟通全区民众与政府的纽带与桥梁。

（7）设立财政专项资金推进智能城市、智能园区和乡镇建设。

（8）由政府负责推进信息化工作的职能部门或机构加强和完善推进信息化与工业化、城市化和农业现代化深度融合的有关法律、法规、政策和标准的工作，在2020年左右形成比较完备的法规体系。

用信息化推进农业现代化和城乡一体化，在村、镇和城市社区建立信息化平台，像"村村通广播"那样实施"村村通互联网工程"。

在公益性大众传媒中，互联网的作用越来越大。它在农民求职、买卖农产品和农业生产资料，获得科学文化基础知识，获得党和国家政策信息等方面已发挥了不可替代的作用。对于"村村通互联网工程"可以采取以下政策与措施：

（1）做好规划，加大财政投入。

（2）将"村村通互联网工程"作为省、市、县各级政府的政绩考核指标，通过政府主导促进公益性大众传媒的发展。

（3）实行家电下乡补贴政策，对农村居民购买电脑按每台购入价格的40%给予财政补贴，对农民使用互联网的月租费实行比市场价低30%—50%的优惠政策。对运营商可按为农民服务的数量减征部分所得税。

（4）鼓励社会力量发展公益性的传媒事业，在这方面可以借鉴英国BBC公司的经验与做法。

（5）借鉴韩国新农村建设的经验，制定相应政策，鼓励和支持大众传媒为农村服务。

互联网的发展既包括公益性部分又包括经营性部分的发展。在互联网的发展中，设立免费的网站、网吧，对于满足市民、农民、农民工的基本信息需求，应当成为公共产品的供给范围，这样才能充分发挥互联网的作用。在中国的市场经济发展过程中，政府发挥着主导作用，将互联网的建设纳入地方官员的考核指标体系，这无疑将加快互联网建设的进度。除此之外，借鉴发达国家网络普及和建设的成功经验，加强互联网法治建设也是重要的途径。

第三节　加快完善互联网法律体系

一、加强互联网法治建设的重要性和必然性

加强互联网的法制建设是为了更好地充分发挥互联网的功能与作用，保障人民的民主权利，维护社会主义市场经济的正常秩序，实现国家的繁荣稳定和社会的公平正义。

互联网具有传递下述正能量的功能与作用，可以这样说，互联网在当今的时代已经成为人们认识世界、改造世界的强有力的工具。但是不正确地使用这一新媒体，也会给社会造成巨大的危害。互联网传输负能量的形式有：

（1）利用互联网侵犯公民的人身权。人身权是指与公民、法人的人身密不可分、没有直接财产内容的民事权利，它包括姓名权、生命健康权、肖像权、名誉权、隐私权等。例如，利用互联网假冒他人姓名发表文章，利用互联网宣传、出售假冒伪劣商品，捏造事实，散布对他人的负面消息或谣言等行为均是对公民人身权的侵犯。

（2）利用互联网进行各种诈骗活动。

（3）利用互联网开网络赌场，开办黄色淫秽网站。

（4）利用互联网传播迷信、反科学的信息，传播邪教的内容，吸收邪教成员。

（5）散布谣言，引起社会恐慌和社会行为混乱。如散布虚假的"地震""恐怖活动""兵变""名人逝世"等信息，扰乱正常的社会秩序。

（6）利用互联网的文字、图片、动画、视频等手段表达的对经典著作、明星名人、公序良俗等的歪曲和丑化，进行调侃和搞笑等不良好的行为，如对公认的英雄人物进行恶搞，它实际是一种建立在历史虚无主义和文化虚无主义基础上的低级恶俗行为，易形成负能量。

（7）利用互联网散布反动言论，攻击国家的根本政治制度，散布国家分裂的言论。

（8）实施黑客行为，攻击正常合法网站，非法窃取他人或组织的机密。

除上述列举的互联网传播负能量的形式外，还有其他形式，此处不一一列举。

如果不及时地加强互联网的法制建设，上述传播负能量的行为将会愈演愈烈，对整个社会将会造成难以估计的危害后果。究其原因，这种现象主要是由以下两方面推动导致的：

（1）过去信息发布权和话语权主要掌握在报纸、杂志、广播和电视四大传统媒体手中，受众对信息获取的主动权和选择性较小，处于被动地接收信息的状态。互联网则打破了这一界限，受者通常也是传者。网络成为社会各个阶层、各种利益集团、各色人物表达思想、感情、利益、意愿的公共平台。中国正处于向现代化推进的大变革时代，社会利益和矛盾日益增多和复杂化，各种冲突、对立的思想、观点、信息在网上都可以看到。如果互联网信息及传播渠道不加以规范，让负面信息滋生蔓延，不但容易造成社会思想的混乱，价值标准和道德标准缺失，也会使人民的民主权利得不到保护，影响正能量的传播。

（2）互联网的特点之一是开放性，它的某些传播负能量的形式会得到国外一些组织或

群体的关注、利用、支持和放大，对中国的现代化进程、国家主权和安全造成危害。

因此，加强互联网的法制建设不仅对发挥互联网的正常功能与作用、保障人民的民主权利、抑制负能量传播有着重要作用，而且对凝聚中华民族精神，发展中国特色的先进文化有着深远的历史影响。

二、互联网法治建设的法律依据及其进展

《中华人民共和国宪法》（以下简称《宪法》）是国家的根本大法，是民主制度的法律化，是制定其他一切法律的依据，因此互联网的上位法只能是《宪法》。《宪法》第37条规定："中华人民共和国的公民的人身自由不受侵犯。"第38条规定："中华人民共和国公民的人格尊严不受侵犯。"第40条规定："中华人民共和国公民的通信自由和通信秘密受法律的保护。"

以《宪法》为依据，全国人民代表大会常务委员会于2012年12月28日第十一次全国人民代表大会常务委员会第30次会议通过了《关于加强网络信息安全的决定》（下简称《决定》）。《决定》共11条，主要内容是国家保护能够识别公民个人身份和涉及公民个人隐私的电子信息，并规定了网络服务者和政府相关部门、国家机关工作人员在公民个人信息保护中的法律责任。《决定》同时规定："对有违反本决定行为的，依法给予警告、罚款、没收违法所得、吊销许可证或者取消备案、关闭网站、禁止有关责任人员从事网络服务业务等处罚，记入社会信用档案并予以公布；构成违反治安管理行为的，依法给予治安管理处罚。构成犯罪的，依法追究刑事责任。侵害他人民事权益的，依法承担民事责任。"

《决定》的出台和实施是我国互联网法治建设的开始和巨大进步，但它既不是终止，也不是全部。本书对利用互联网传播负能量列举了八种主要形式，《决定》仅是对侵犯公民的人身权的行为进行了相关法律规定，并制定了法律保护措施。对于其他七种形式的互联网有害行为，尚未看到具体的网络法律。其实在一些部门法中可以看到一些散见的相关规定。例如，在《反不正当竞争法》中可以看到对欺诈等经济行为的规定；在《未成年人保护法》中有提供适宜其生长的社会环境，包括提供适宜少年儿童阅读的图书资料，创作和提供有益于儿童成长的文艺作品等内容；在《反国家分裂法》中有关于禁止国家分裂的行为等规定，但是对于互联网的法制建设，却缺少一部系统的法律来规范人们的行为。

互联网上的行为在本质上分为两类：一类是传播正能量的有益于社会公平、正义、进步的行为；另一类是传播负能量的不利于社会公平、正义、进步的行为。前一类行为涉及对公民权利的保护，后一类行为在本质上是对公民、法人、政府机关等滥用权力的禁止。因此，互联网的立法，应当遵循以下四项基本原则：

（1）对《宪法》规定的公民权利的保护原则；
（2）对滥用权力的禁止原则；
（3）对公序良俗的尊重原则；
（4）法律面前人人平等的原则。

互联网立法的难点在于如何规定言论自由及其界限。《宪法》第35条规定："公民有言论、出版、集会、结社、游行、示威的自由。"第36条规定："中华人民共和国公民有宗教信仰自由。"随着社会主义民主政治的发展，人民越来越要求对公共事务有知情权、监督权、参与权。相对于国家机关工作人员而言，非国家机关工作人员处于弱势地位，公

众在批评政府工作人员之时，由于信息的不充分，事实的不全面，言辞的尖锐和激烈，有可能就被看成谣言或人身诽谤，其在互联网上的言论也可能被禁止，相关网站有可能被关闭。这是一个公民权利保护的问题，也是社会主义民主政治发展的关键问题，实质上是如何界定公民正当行使权利和滥用权力的界限与标准问题。

《宪法》规定的公民言论自由有三层含义：

（1）任何公民都有平等的发言权；
（2）只要言论内容不越出法律范围，则不受任何非法干涉；
（3）发言者不应因某种言论而带来不良后果。

言论自由并不是绝对不受限制的权利。它将受两方面限制，一是不得反对政府和败坏社会公德，危害国家和社会安全；二是不得侮辱、诬告、诽谤他人。但这里也出现以下问题：

（1）批评政府领导或某一机构是否为反对政府？部分言论不实是否属于诽谤？其界限在哪里？
（2）像"网络恶搞"一类互联网行为违背什么样的公德？法律规定的社会公德有哪些？

在上述列举的问题中，由于缺少具体的法律规定，导致了互联网行为规范难，立法也难。

由于互联网的发展，法治建设是必需的、紧迫的，但法律不是万能的，也有其局限性。要促进互联网的健康发展，还需要其他非法律措施，需要整个社会的协调和配合。

三、促进互联网健康发展的非法律措施

互联网的健康发展有两方面的含义：一是如何促进互联网快速发展，改变互联网在中国城乡之间、区域之间不平衡发展的状况，普及互联网的使用；二是如何建立规范的互联网使用秩序。这里提出如下初步措施和对策：

通过政府主导改变互联网在城乡之间、区域之间的不均衡发展现状。大众传媒是市场信号传播的主渠道，互联网在这一主渠道中又占有特别重要的地位，对社会经济生活发挥着越来越重要的影响。满足人们的基本公共信息需求，保障人民群众的知情权、表达权是基本公共服务的一部分，但由于互联网在中国城乡之间、区域之间发展不平衡，导致许多地区不能满足城乡居民对基本公共信息的需求。

由政府主导改变互联网在中国城乡之间、区域之间的不均衡现状，一是要做好规划，加大财政投入，将"村村通互联网工程"作为省、市、县各级政府的政绩考核指标。通过政府主导促进公益性互联网的发展；二是对公益性互联网和经营性互联网服务商实行不同的政策，鼓励公益性互联网站的发展；三是实行像家电下乡那样的补贴政策，对农村居民和西部落后地区居民购置计算机实行财政补贴。上述政策的本质是促进知识和信息在城乡之间、区域之间均衡传播，保障公民对基本公共信息的需求，从而促进互联网健康发展。

应营造良好的社会氛围。互联网是一个虚拟世界，但这一个虚拟世界并不是从天上掉下来的，也不是人们主观想象的产物，而是现实世界的反映和折射。当现实世界存在很多不合理现象时，人们在找不到发泄不满的渠道时，就通过互联网发泄。规范互联网行为的同时，要规范非互联网的社会行为，特别是规范国家机关工作人员的行为。互联网毕竟只

是社会的一个部分，这一部分受整体的影响非常大，只有建立良好的社会秩序，才能从根本上规范互联网的行为。

加强对网络从业者的管理，特别是加强对大型门户网站和著名网站的管理。大型门户网站和著名网站在互联网中发挥着主导作用，由于互联网网站数量庞大以及信息发布的海量，互联网的监管难度一直很大。抓住大型门户网站和著名网站，发挥其示范作用和表率作用，会收到较好效果。

提高公民的法律意识和道德意识，特别是从小在学校开展相关法律意识、道德意识讲座和网络安全教育。青年是国家的未来，也是网络使用的主要人群，可以并且应当对其进行积极的引导和教育，树立正确的世界观、人生观、价值观。

强化政府管理互联网机构或组织的责任意识，同时提高其技术水平，保证相应的财政投入，做到每一个县有专门的机构、专门的人员对互联网进行监管。

本章小结

本章总结了中国传媒产业的特点与问题，提出了中国大众传媒的改革方向和促进城乡统筹发展的政策建议，同时深入论述了互联网在改革中的作用以及加快完善互联网法律体系的重要性。

结论与展望

本书研究了大众传媒与中国城乡统筹发展之间的关系。在理论方面，国外学者刘易斯的二元经济论、舒尔茨的人力资本理论、哈耶克的知识分工理论、戴梦德等人的劳动力市场均衡搜寻理论和其他一些学者的论文，从不同角度揭示了城乡发展差距的经济学原因，提出了知识、教育和信息在发展中的重要性，但他们没有研究知识与信息在城乡分布不均衡的规律，也没有研究大众传媒在城乡统筹发展中的功能与作用。国内学者关于城乡统筹发展的论文，其重点一是描述三农问题的现状，特别是描述和分析城乡差距的现状；二是将农村剩余劳动力转移作为缩小城乡差距、统筹城乡发展的一个主要问题；三是将城乡二元结构的形成归结为二元体制，主张对二元户籍制度、土地制度、就业制度、社会保障制度、财政金融制度等进行改革；四是对城乡公共服务均等化的内涵和内容进行了研究；五是认为工业反哺农业、城市反哺农村是城乡统筹发展的基本途径。以国内文献的内容来看，前期很少有从知识和信息在城乡之间分布不均衡的角度研究城乡统筹发展的论文，也很少有从经济学、管理学、传播学相结合的角度来研究城乡统筹发展的论文。

党的"十八大"提出的"四化同步"发展既是一种政策引领，又是对马克思主义城乡理论的新发展，为大众传媒在城乡统筹中的作用开辟了新的研究领域并指明了方向。

在"四化同步"发展理论指导下，本书认为在现代市场经济条件下，全球化和区域经济一体化成为经济发展的大趋势，供需双方在全球范围内采购，市场信号在全球范围内传播，大众传媒是市场信号传播的主渠道，也是联结"四化同步"发展的桥梁和纽带。大众传媒不仅有市场信息的传播功能，而且还有教育培训的功能、知识传承的功能、政策导向的功能、广告功能、监督与维权功能、求职功能等，这些功能不但影响着城乡统筹发展中劳动者素质的提高，还影响着生产要素和产品的流通方向、速度与范围，影响着城乡企业结构的调整，影响着消费倾向和需求结构。从生产方式、生活方式到思想观念，从生产、流通到消费，在城乡统筹发展的每一个方面、每一个环节都可以看到大众传媒的影响与作用。互联网不仅是大众传播的主要形式，也必将成为大众创业的重要平台。互联网上的各种创业平台在城乡统筹中的作用会越来越大。

本书的基本结论是，充分发挥政府掌握大众传媒资源的作用，完善和强化大众传媒的公益性功能和作用，促进知识和信息在城乡的均衡分布与传播是城乡统筹发展的有效新途径。

本书从经济学、管理学和传播学三者结合的角度研究大众传媒与城乡统筹发展的关系，是一个前沿性、探索性的主题，由于研究条件和研究者学识的限制，还有一些重要问题没有研究，有一些问题的研究也不够深入，具体而言，有下述问题需要继续探讨：

（1）现有文献没有对大众传媒与城乡统筹的关系形成成熟的理论基础和方法研究。作为一个新兴领域的探索性研究，大众传媒与城乡统筹的关系这一论题应当主要纳入管理学的范畴还是传播学的范畴，其主要方法应当是管理学的方法还是传播学的方法，或者是经济学、管理学、传播学三者现有方法的融合？对于这些问题，还需要在将来继续探讨和研究。

（2）大众传媒知识和信息在城乡发展中的均衡分布和传播是否与经济发展不平衡规律相矛盾？在经济不平衡的大背景下，能否做到知识和信息较为均衡地分布与传播？

（3）大众传媒与城乡统筹发展的关系既是一个宏观问题，又是一个微观问题；既是一个文化问题，也是一个经济管理问题；既有中国特色，又要与国际接轨。其中哪些应是中国特色？哪些应与国际接轨？

（4）政府在发挥大众传媒的公益性功能和作用方面，还可以采取哪些政策和措施？

（5）大众传媒在信息化与农业现代化中居于何种地位？大众传媒作为一种产业，它如何在乡村发展？

对于这些问题，本书作者将会继续研究和探讨。

参考文献

白雪,雷磊.我国城市群"两化"融合水平时空变化分析[J].经济地理.2014(07):52-57,102.

陈良玉.印度农业信息化的实践及借鉴[J].世界农业.2004.(10):36-39.

陈良玉,陈爱锋.中国农村信息化建设现状及发展方向研究[J].中国农业科技导报.2005(02):67-71.

陈力丹,陈俊妮.论传媒在"新农村"建设中的作用[J].当代传播.2006(03):4-7.

陈斐,康松.加快推进关于我国农业信息化进程的思考[J].农业现代化研究.2006(02):139-143.

崔保国.2011年:中国传媒产业发展报告[R].北京:社会科学文献出版社,2011.

蔡昉,都阳.劳动力流动的政治经济学分析[M].上海:上海人民出版社,2003.

〔英〕冯·哈耶克著,邓正来选编,译.哈耶克论文集[M].北京:首都经贸大学出版社,2001.

邓玲,王彬彬.统筹城乡发展评价指标体系研究—基于成都市温江区的实证:中国统筹城乡发展论坛[C].成都:四川省社会科学院.2008:54-58.

邓宗兵,张旭祥.科技进步与中国农业经济增长[J].农业现代化研究.2002,(04):241-245.

董梅生,杨德才.工业化、信息化、城镇化和农业现代化互动关系研究——基于VAR模型[J].农业技术经济2014(04):14-24.

方晓红.经济信息在苏南农村的传播现状调查研究[J].新闻与传播研究.2002(04):47-55.

方晓红.大众传媒与农村[M].北京:中华书局,2002.

方晓红.农村的变革与大众媒介发展的互动关系——江苏农村受众调查的启示[J].新闻知识,2003(01).

方晓红.农村传播学研究方法初探[M].北京:人民出版社,2008.

冯献,李宁辉,郭静利."四化同步"背景下我国农业现代化建设的发展思路与对策建议[J].农业现代化研究,2014(01):11-14.

〔美〕D·盖尔·约翰逊著,林毅夫,赵耀辉编译. 经济发展中的农业、农村、农民问题 [M]. 北京:商务印书馆,2004.

郭庆光. 传播学教程 [M]. 北京:中国人民大学出版社,1999.

郭鲁钢,李娟,张红. 北京地区农民科技信息需求分析 [J]. 安徽农业科学,2011,(10):6102-6103.

国际统计年鉴 [R]. 北京:中国统计出版社,2014.

韩俊. 城乡统筹发展中的几个问题和误区 [J]. 中国发展观察,2010(03):7-9.

贺文慧,杨秋林. 国外农村信息化投资发展模式对中国的启示 [J],世界农业,2006.(04):18-20.

胡正荣. 全球传媒产业发展报告(2011)[R]. 社会科学文献出版社,2011.

胡志坚,冯楚健. 国外促进科技进步与创新的有关政策 [J]. 科技进步与对策,2006(01):22-27.

胡大平,陶飞. 农村信息化的基本内涵及解决对策 [J]. 科技进步与对策,2005(03):159-161.

〔美〕加里·贝克尔著,郭虹等译. 人力资本理论 [M]. 北京:中信出版社,2007.

柯高峯. 农民转型:实现城乡统筹发展的一个理论视角:中国统筹城乡发展论坛 [C]. 成都:四川省社会科学院,2008:207-215.

孔正茂. 大众传播与农村社会发展研究综述 [J]. 青年记者,2008(17):30-31.

旷宗仁. 中国乡村传播及其优化模式研究 [J]. 农业经济问题,2006(08):21-24.

黎国智. 法学通论 [M]. 北京:法律出版社,1998.

李成贵. 统筹城乡工作要有历史观和大局观—几点战略思考和改革:中国统筹城乡发展论坛 [C]. 成都:四川省社会科学院,2008:28-33.

李津逵. 统筹城乡建设用地,建设有产者的社会主义:中国统筹城乡发展论坛 [C]. 成都:四川省社会科学院,2008:54-48.

李红艳. 乡村传播与农村发展 [M]. 北京:中国农业大学出版社,2007.

李永健. 大众传播与新农村建设 [M]. 北京:中国传媒大学出版社,2009.

李艳英. 论媒介整合在农业信息传播中的作用 [J]. 新闻界,2006(02):35-36.

林凌. 统筹城乡发展的重大举措:中国统筹城乡发展论坛 [C]. 成都:四川省社会科学院 2008:19-27.

〔美〕刘易斯著,施炜等译. 二元经济论 [M]. 北京:北京经济学院出版社,1989.

〔美〕刘易斯·芒福德著,宋俊岭,倪文彦译. 城市发展史 [M]. 北京:中国建筑工业出版社,1989.

刘建新. 大众传媒对农传播的缺失 [J]. 新闻前哨,2006(05):17-18.

刘瑞桓. 农村生态传播中的"知沟"现状及对策 [J]. 才智,2008(22):256-257.

刘玉花,张丽,王德海. 农村市场信息失衡分析与对策分析——吉林省Z社区养殖市场信息传播状况调查及启示 [J]. 农村经济,2008.(05):104-108.

廖宇翃. 统筹城乡发展之大众传媒均衡发展路径探讨——基于城乡关系经典理论及知识和信息城乡二元分布的思考 [J]. 西部论坛,2011(01):41-46.

廖宇翃,马胜荣. 统筹城乡背景的农民信息化需求与策略因应 [J]. 改革,2012(04):132-137.

廖宇翃．论城乡统筹发展与大众传媒［J］．管理世界，2012（08）：173-175．

凌燕．当代中国中、东部农民与媒介接触使用情况实证研究［D］．武汉：华中科技大学，2006．

陆学艺．"三农"新论当前中国农业、农村、农民问题研究［M］．北京：社会科学文献出版社，2005．

中共中央马克思恩格斯列宁斯大林著作编译局．马克思恩格斯全集［M］．北京：人民出版社，1995．

马九杰，赵永华，徐雪高．农户传媒使用与信息获取渠道选择倾向研究［J］．国际新闻界，2008（02）：58-62．

刘笑盈．中外新闻传播史［M］．北京：中国传媒大学出版社，2007．

〔美〕迈克尔·P·托达罗著，印金强等译．经济发展与第三世界［M］．北京：中国经济出版社，1992．

梅士建．关于发展信息农业的理论思考［J］．农村经济，2004（08）：81-83．

农少林．农民科技信息需求分析．农民科技培训，2010（09）：6-9．

〔美〕亨廷顿著，王冠华等译．变化社会中的政治秩序［M］．北京：三联书店，1989．

〔美〕舒尔茨著，吴珠华等译．论人力资本投资［M］．北京：北京经济学院出版社，1990．

〔日〕速水佑次郎，〔美〕弗农·拉坦著，郭熙保，张进铭等译．农业发展的国际分析［M］．北京：中国社会科学出版社，2000．

宋周莺．中国信息化发展进程及其时空格局分析［J］．地理科学，2013（03）：257-265．

谭英．中国乡村传播实证研究［M］．北京：社会科学文献出版社，2007．

王彦婷，夏光兰．新农村建设中安徽省农村信息需求分析［J］．科技情报开发与经济，2010（26）：105-107．

中国（海南）改革发展研究院．强农·惠农：新阶段的中国农村综合改革［R］．北京：中国经济出版社，2008．

〔美〕威尔科克斯等著，刘汉才译．美国农业经济学［M］．北京：商务印书馆，1987．

国家统计局国民经济综合统计司编．新中国五十五年统计资料汇编［R］．北京：中国统计出版社，2005．

徐维祥，舒季君，唐根年．中国工业化、信息化、城镇化、农业现代化同步发展测度［J］．经济地理，2014（09）：1-6．

徐维祥，陈国亮，舒季君，唐根年．基于空间连续性的"四化同步区"形成与演化机理研究［J］．中国工业经济．2015（05）：18-31．

项仲平等著．广播电视节目传播策略研究——对农传播新视角［M］．北京：清华大学出版社，2011．

杨晓蓉，陈良玉，陈立平．印度农业信息化的现状［J］．世界农业，2006（02）：26-27．

杨素红．西部欠发达地区农民的科技信息需求分析［J］．科技情报开发与经济，2008

(03): 87-88.

〔美〕西奥多·W·舒尔茨著,蒋斌,张蘅译. 人力资本投资——教育和研究的作用[M]. 北京:商务印书馆,1990.

喻国明主编. 中国传媒发展指数报告[R]. 北京:社会科学文献出版社,2008.

喻国明主编. 中国传媒发展指数报告[R]. 北京:社会科学文献出版社,2009.

袁靖华. 中国传媒发展指数报告[J]. 浙江传媒学院学报,2011(04):29-34.

〔美〕梅尔著,何宝玉等译. 农业经济发展学[M]. 北京:农村读物出版社,1988.

张红宇,张海阳,李伟毅,李冠佑. 中国特色农业现代化:目标定位与改革创新[J]. 中国农村经济,2015(01):4-13.

章洁,林羽丰. 依托媒介信息的农产品销售模式创新与扩散——大众媒介对农产品销售手段的影响[J]. 新闻界 2011(08):121-124.

张艳,刘雪春. 试析网络媒体在农业信息传播中的有效运用[J]. 河北农业大学学报,2011,(04):516-518.

张亚斌,金培振,艾洪山. 中国工业化与信息化融合环境的综合评价及分析——基于东中西部三大区域的测度与比较[J]. 财经研究,2012(08):96-108.

张新民. 中国农业信息化发展的现状与前景展望[J]. 农业经济,2011(08):35-37.

张志华. 当前电视对农传播的缺失与对策[J]. 中国记者,2011(11):83-84.

赵阳. 中国农业科研投入的理论分析和政策建议[J]. 中国农村观察,2001(06):2-8.

赵明辉. 论实现城乡统筹中的农民利益保护问题:中国统筹城乡发展论坛[C]. 成都:四川省社会科学院,2008:184-187.

国家统计局编. 中国统计年鉴[R]. 北京:中国统计出版社,2010.

国家统计局编. 中国统计年鉴[R]. 北京:中国统计出版社,2012.

国家统计局编. 中国统计年鉴[R]. 北京:中国统计出版社,2014.

中国共产党第十八次代表大会报告[R]. 北京,2014.

中国2015年国民经济和社会发展统计公报[R]. 北京:国家统计局,2015.

周鸿铎主编. 区域传播学导论[M]. 北京:中国纺织出版社,2005.

〔日〕祖田修著,张玉林等译. 农学原论[M]. 北京:中国人民大学出版社,2003.

1. A. weiss, L. Van Crowder, M. Bernardi. Communicating Agrometeorological Information to Farming Communities [J]. *Agricultural and Forest Meteorology*, 2000:pp.185-196.

Burdett Kenneth and Mortensen Dale T. Search Layoffs, and Labor Market Equilibrium [J]. *Journal of Political Economy*, 1980, 88(4):pp.652-672.

Burdett Kenneth and Mortensen Dale T. Wage Differentials, Employer Size and Unemployment [J]. *International Economic Review*, 1998, 39(2):pp.257-273.

C. Ann Hollifield, Joseph F. Donnermeyer. Creating Demand:Influencing Information Technology Diffusion in Rural Communities [J]. *Government Information Quarterly*, 2003, 20:pp.135-150.

Christensen Bent Jesper, Lentz Rasmus, Mortensen Dale T., Neumann George R.,

Axel Werwatz. On-the-Job Search and the Wage Distribution [J]. *Journal of Labor Economics*, 2005, 23 (1): pp. 31 – 58.

Daniel Lerner. *The Passing of Traditional Society: Modernizing the Middle East* [M]. Macmillan Pub. Co., 1958.

Douglas Blanks Hindman. The Rural-urban Digital Divide [J]. *Journalism and Mass Communication Quarterly*, 2000, 77 (3): pp. 549 – 560.

Edward J. Malecki. Digital Development in Rural Areas: Potentials and Pitfalls [J]. *Journal of Rural Studies*, 2003, 19: pp. 201 – 214.

Eric Gilbert, Karrie Karahalios and Christian Sandvig. The Network in the Garden: An Empirical Analysis of Social Media in Rural Life [J]. *Culture and Technology*, 2008, pp. 1603 – 1612.

Gibbs, R. M. Going Away to College and Wider Urban Job Opportunities Take Highly Educated Youth Away From Rural Areas [J]. *Rural Development Perspectives*, 1995, 10 (3): pp. 35 – 44.

Gibbs, R. M. Cromartie, J. B. Rural Youth Outmigration: How Big is the Problem and for Whom? [J]. *Rural Development Perspectives*, 1995, 10 (1): pp. 9 – 16.

Gillett, S. E. Universal Service: Defining the Policy Goal in the Age of the Internet [J]. *The Information Society*, 2000 (16): pp. 147 – 149.

Hasan Akca, Murat Sayili, Kemal Esengun. Challenge of Rural People to Reduce Digital Divide in the Globalized World: Theory and Practic [J]. *Government Information Quarterly*, 2007 (24): pp. 404 – 413.

Hack, G. D. Telecommunications: Making the Site Selection Connection [J]. *Area Development*, 1992, 27 (4): pp. 69 – 71.

Jarvis, D., Dunham, P., Ilbery, B. Rural Industrialization, 'Quality' and Service: Some Findings from South Warwickshire and North Devon [J]. *Area*, 2002 (34): pp. 59 – 69.

Kraybill, D. S., Weber, B. A. Institutional Change and Economic Development in Rural America. *American Journal of Agricultural Economics*, 1995 (77): pp. 1265 – 1270.

Landabaso, M. Networks and Rural Development Policy [J]. In: Boekema, F., Morgan, K., Bakkers, S., Rutten, R. (Eds.), *Knowledge, Innovation and Economic Growth: The Theory and Practice of Learning Regions*. Edward Elgar, Northampton, MA, 2000, pp. 73 – 94.

Lawless, P., Gore, T. Urban Regeneration and Transport Investment: A Case Study of Sheffield 1992 – 1996 [J]. *Urban Studies*, 1999 (36): pp. 527 – 545.

Leamer, E. E., Storper, M. The Economic Geography of the Internet Age [J]. *Journal of International Business Studies*, 2001 (32): pp. 641 – 665. Leistritz, F. L., Cordes, S., Sell, R. S., Allen, J. C., Filkins, R., 2000.

Leistritz, F. Larry, Cordes, Sam, Sell, Randall S, Allen, John C, Filins Rebecca. Inmigrants to the Northern Great Plains: Survey Results from Nebraska and North Dakota [J]. *Rural America*, 2000, 15 (3): pp. 8 – 15.

Lindahl, D. P., Beyers, W. B. The Creation of Competitive Advantage by Producer

Service Establishments [J]. *Economic Geography*, 1999 (75): pp. 1 – 20.

Malecki, E. J. Newfirm Startups: Key to Rural Growth [J]. *Rural Development Perspectives*, 1988, 4 (2): pp. 18 – 23.

Malecki, E. J. Hard and Soft Networks for Urban Competitiveness [J]. *Urban Studies*, 2002 (39): pp. 929 – 945.

Malecki, E. J. Local Competition in Telecommunications in the United States: Supporting Conditions, Policies, and Impacts [J]. *Annals of Regional Science*, 2002 (36): pp. 437 – 454.

Malecki, E. J., Tootle, D. M. The Role of Networks in Small Firm Competitiveness [J]. *International Journal of Technology Management*, 1996 (11): pp. 43 – 57.

Michael J. Copps. Bringing Broadband to Rural America, Report on a Rural Broadband Strategy [R]. *Federal Communications Commission*, 2009: pp. 1 – 4.

Mitchell, S., Clark, D. Business Adoption of Information and Communications Technologies in the Two-Tier Rural Economy: Some Evidence from the South Midlands [J]. *Journal of Rural Studies*, 1999 (15): pp. 447 – 455.

Murdoch, J. Networks—A New Paradigm of Rural Development? [J]. *Journal of Rural Studies*, 2000, 16: pp. 407 – 419.

Mortensen Dale T. Job Search and Labor Market Analysis, in: O. Ashenfelter & R. Layard (ed.) [M]. *Handbook of Labor Economics*, Edition, 1986, 1·2 (15): pp. 849 – 919.

Mortensen Dale T. Job Creation and Job Destruction in Theory of Unemployment [J]. *Review of Economic Studies*, 1994 (61): pp. 397 – 415.

Petrongolo and Pissarides. A Survey of the Matching Function [J]. *Journal of Economic Literature*, 2001: pp. 417 – 431.

Richardson, R., Gillespie, A. The Economic Development of Peripheral Rural Areas in the Information Age [J]. In: Wilson, M. I., Corey, K. E. (Eds.), *Information Tectonics*. Wiley, 2000: pp. 199 – 217.

Seamus Grimes. Rural Areas in the Information Society: Diminishing Distance or Increasing Learning Capacity? [J]. *Journal of Rural Studies*, 2000 (16): pp. 13 – 21.

Simone Cecchini and Christopher Scott. Can Information and Communications Technology Applications Contribute to Poverty Reduction? Lessons from Rural India [J]. *Information Technology for Development*, 2003, 10: pp. 73 – 84.

Siriginidi Subba Rao. Social Development in India Rural Communities: Adoption of Telecentres [J]. *International Journal of Information Management*, 2008, 28: pp. 474 – 482.

Sandvig, C. Unexpected Outcomes in Digital Divide Policy: What Children Really do in the Public Library [J]. In: Compaine, B. M., Greenstein, S. (Eds.), *Communications Policy in Transition: The Internet and Beyond*. MIT Press, Cambridge, MA, 2001: pp. 265 – 293.

Stephen Graham. Bridging Urban Digital Divides? Urban Polarisation and Information and Communications Technologies (ICTs) [J]. *Urban Studies*, 2002, 39 (1): pp. 33 – 56.

Townsend, A. M. The Internet and the Rise of the New Network Cities, 1969 – 1999 [J]. *Environment and Planning B: Planning and Design*, 2001, 28: pp. 39 – 58.

Tsouvalis, J., Seymour, S., Watkins, C. Exploring Knowledge Cultures: Precision farming, Yield Mapping, and the Expert-Farmerinterface. *Environment and Planning A*, 2000, 32: pp. 909 – 924.

Urban, G. L., Sultan, F., Qualls, W. J., Placing trust at the Center of Your Internet Strategy [J]. *Sloan Management Review*, 2000, 42 (1): pp. 39 – 48.

Van Horn, R. L., Harvey, M. G. The Rural Entrepreneurial Venture: Creating the Virtual Megafirm. *Journal of Business Venturing*, 1998, 13: pp. 257 – 274.

Vias, A. C. Jobs Follow People in the Rural Rocky Mountain West [J]. *Rural Development Perspectives*, 1999, 14 (2): pp. 14 – 23.

附　录

问卷调查

城乡统筹中农民和农民工信息获取情况问卷调查（重庆地区）

亲爱的朋友：

　　您好！

　　为了帮助有关方面制定城乡统筹的政策，并为知识和信息在城乡间的均衡传播提供依据，我们特向您调查了解以下信息，谢谢您的支持。

　　填表说明，请在您同意的选项前的"□"内划"√"，非选择题时，请按标注要求填写。

一、基本信息

1. 性别：□（1）男　□（2）女
2. 年龄：□（1）18岁以下
　　　　□（2）18—30岁
　　　　□（3）31—60岁
　　　　□（4）60岁以上
3. 受教育情况：
　　　　□（1）小学以下
　　　　□（2）小学
　　　　□（3）初中
　　　　□（4）高中
　　　　□（5）中专
　　　　□（6）高职
　　　　□（7）大学本科
　　　　□（8）硕士及以上
4. 所在区域：
　　　　□（1）重庆主城九区
　　　　□（2）渝西地区
　　　　□（3）三峡库区
　　　　□（4）黔江地区（含石柱、酉阳、黔江、彭水、秀山县）
　　　　□（5）其他
5. 身份：
　　　　□（1）城市居民

☐ (2) 进城务工农民
☐ (3) 农民

6. 您的家庭年平均收入是（以最近一年为准）?
☐ (1) 2,000 元以下
☐ (2) 2,001—4,000 元
☐ (3) 4,001—6,000 元
☐ (4) 6,001—8,000 元
☐ (5) 8,001—10,000 元
☐ (6) 10,001—30,000 元
☐ (7) 30,001—50,000 元
☐ (8) 50,001—70,000 元
☐ (9) 70,001—90,000 元
☐ (10) 90,001—100,000 元
☐ (11) 100,000 元以上

7. 您的家庭年平均文化活动支出是（以最近一年为准）?
☐ (1) 50 元以下
☐ (2) 51—150 元
☐ (3) 151—300 元
☐ (4) 301—500 元
☐ (5) 501—1,000 元
☐ (6) 1,001—3,000 元
☐ (7) 3,001—5,000 元
☐ (8) 5,001—10,000 元
☐ (9) 10,000 元以上

二、获取知识与信息情况

1. 请问知识与信息对您的生活重要吗?
☐ (1) 重要
☐ (2) 一般
☐ (3) 无所谓

2. 您通过以下哪些途径获取知识与信息（可多选）?
☐ (1) 与亲朋、邻里交流
☐ (2) 阅读书籍
☐ (3) 阅读报纸
☐ (4) 阅读杂志
☐ (5) 收听广播
☐ (6) 观看电视
☐ (7) 使用电脑
☐ (8) 使用固定电话
☐ (9) 使用手机

☐（10）参加乡村或企业组织的培训

3. 您最相信的信息来源渠道依次是（此为排序题，请在括号中标明序号即可）

（1）亲戚、朋友（　　）

（2）政府、领导（　　）

（3）书籍（　　）

（4）报纸（　　）

（5）杂志（　　）

（6）电视（　　）

（7）收音机（　　）

（8）网络（　　）

（9）电话（　　）

（10）参加乡村或企业组织的培训（　　）

4. 您读书的习惯是？

☐（1）每年读1本

☐（2）每年读1—3本

☐（3）每年读书5本以上

☐（4）从不读书

5. 您看报的习惯是？

☐（1）每天看一次报

☐（2）每周看一次报

☐（3）偶尔看报

☐（4）从不看报

6. 您每天看几份报纸？

☐（1）1份

☐（2）2份

☐（3）3份以上

☐（4）从不看报

7. 请选出您读过的报纸（可多选）？

☐（1）《人民日报》

☐（2）《光明日报》

☐（3）《农民日报》

☐（4）《重庆日报》

☐（5）《重庆晚报》

☐（6）《重庆晨报》

☐（7）《重庆时报》

☐（8）其他，请注明_____

8. 其中您喜欢的是（可多选）？

☐（1）《人民日报》

☐（2）《光明日报》

☐（3）《农民日报》

- ☐ (4)《重庆日报》
- ☐ (5)《重庆晚报》
- ☐ (6)《重庆晨报》
- ☐ (7)《重庆时报》
- ☐ (8) 其他，请注明_____

9. 如果您可以方便地拿到免费的报纸，您会考虑？
   - ☐ (1) 经常阅读
   - ☐ (2) 偶尔阅读
   - ☐ (3) 没有兴趣

10. 您看杂志的习惯是？
    - ☐ (1) 每天看
    - ☐ (2) 每周看
    - ☐ (3) 偶尔看
    - ☐ (4) 从不看

11. 您家中有下列哪些基础信息设备（可多选）？
    - ☐ (1) 收音机
    - ☐ (2) 固定电话
    - ☐ (3) 手机
    - ☐ (4) 电视
    - ☐ (5) 电脑
    - ☐ (6) 其他，请注明_____

12. 您喜欢用下列哪种设施获取信息（可多选）？
    - ☐ (1) 收音机
    - ☐ (2) 固定电话
    - ☐ (3) 手机
    - ☐ (4) 电视
    - ☐ (5) 电脑
    - ☐ (6) 其他，请注明_____

13. 请问您使用这些基础信息设施主要作用是什么（可多选）？
    - ☐ (1) 了解新闻
    - ☐ (2) 工作需要
    - ☐ (3) 获悉政策
    - ☐ (4) 经济投资
    - ☐ (5) 休闲娱乐
    - ☐ (6) 聊天交际
    - ☐ (7) 其他，请注明_____

14. 您收听广播的习惯是？
    - ☐ (1) 每天收听
    - ☐ (2) 偶尔收听
    - ☐ (3) 从不收听

15. 您每天收听广播节目的时间是多少小时？
    □ (1) 5—10 小时
    □ (2) 2—5 小时
    □ (3) 1—2 小时
    □ (4) 1 小时以下
    □ (5) 基本不收听

16. 您观看电视的习惯是？
    □ (1) 每天收看
    □ (2) 偶尔收看
    □ (3) 从不收看

17. 您每天观看电视节目的时间是多少小时？
    □ (1) 5—10 小时
    □ (2) 2—5 小时
    □ (3) 1—2 小时
    □ (4) 1 小时以下
    □ (5) 基本不看

18. 您能收看的电视频道是（可多选）？
    □ (1) 中央电视台 1 套综合频道
    □ (2) 中央电视台 7 套农业频道
    □ (3) 中央电视台所有频道
    □ (4) 重庆卫视
    □ (5) 重庆本市所有频道
    □ (6) 其他省市卫星频道
    □ (7) 本县电视频道
    □ (8) 外县电视频道

19. 以下电视节目，您最喜欢的节目依次是（此为排序题，请在括号中标明序号即可）？
    (1) 新闻类节目（   ）
    (2) 影视剧（   ）
    (3) 农业科技节目（   ）
    (4) 娱乐节目（   ）
    (5) 体育节目（   ）
    (6) 文化教育类节目（   ）
    (7) 戏曲节目（   ）
    (8) 文艺晚会（   ）
    (9) 名人明星访谈（   ）
    (10) 军事节目（   ）
    (11) 流行音乐（   ）
    (12) 电视广告（   ）
    (13) 天气预报（   ）

  （14）法制节目（　　）

  （15）科普知识（　　）

20. 您收看过专业的农业频道或解读农业政策、提供农业科技节目、发布农产品供求信息的农业节目吗？

  ☐（1）经常收看

  ☐（2）偶尔收看

  ☐（3）从未看过

21. 请问您有上网的习惯吗？

  ☐（1）有

  ☐（2）没有

22. 请问您家里是否有电脑？

  ☐（1）有

  ☐（2）没有

  ☐（3）有，但不能上网

23. 您通过什么途径上网（可多选）？

  ☐（1）家用电脑

  ☐（2）网吧

  ☐（3）手机

  ☐（4）乡村公共电子阅览室

  ☐（5）其他——

24. 请问您家里有几台电脑？

  ☐（1）1台

  ☐（2）2台以上

  ☐（3）没有

25. 您上网的习惯是？

  ☐（1）每天上网

  ☐（2）每周上网1—2次

  ☐（3）每周上网3—5次

  ☐（4）偶尔上网

  ☐（5）从不上网

26. 您每天用于上网的时间是多少小时？

  ☐（1）5—10小时

  ☐（2）2—5小时

  ☐（3）1—2小时

  ☐（4）1小时以下

  ☐（5）基本不上网

27. 请问您上网主要做什么（可多选）？

  ☐（1）了解社会新闻

  ☐（2）获悉时事政策

  ☐（3）关注经济信息

☐（4）学习农业技术知识
☐（5）了解天气环境变化
☐（6）网上农产品交易
☐（7）投资、炒股
☐（8）使用网络银行
☐（9）网上交电话费、水电气费等
☐（10）网上购物
☐（11）开心网偷菜
☐（12）QQ 聊天
☐（13）玩游戏（如麻将、下棋、斗地主）
☐（14）其他，请注明_____

28. 请问网络对您的帮助大吗？
☐（1）帮助很大
☐（2）较有帮助
☐（3）帮助一般
☐（4）帮助不大
☐（5）毫无帮助

29. 请问您用手机上网获取信息吗？
☐（1）经常用手机上网
☐（2）偶尔用手机上网
☐（3）从不用手机上网

30. 您参加了多少次乡村或企业组织的文化信息培训？
☐（1）定期参加，已参加多次
☐（2）三次以上
☐（3）两次
☐（4）从不参加

31. 乡村或企业组织的文化信息培训对您的帮助大吗？
☐（1）帮助很大
☐（2）较有帮助
☐（3）帮助一般
☐（4）帮助不大
☐（5）毫无帮助

32. 您最想获取的知识与信息是（可多选）？
☐（1）党和国家政策、国内外新闻
☐（2）重庆市城乡统筹政策
☐（3）农产品市场价格
☐（4）农业作物栽培技术与信息
☐（5）水产品或畜产品养殖技术信息
☐（6）进城务工的职业知识
☐（7）农民工权益保障的法律知识

□（8）农民工如何贷款的信息与知识
□（9）城市生活方式与工作方式中的知识与信息
□（10）其他科技信息与知识

33. 您认为您所在的信息站目前功能发挥得最好的是？
□（1）涉农信息服务
□（2）"三农"呼叫服务
□（3）农村党员远程教育
□（4）文化信息资源共享

34. 您认为您所在的信息站目前功能发挥得最差的是？
□（1）涉农信息服务
□（2）"三农"呼叫服务
□（3）农村党员远程教育
□（4）文化信息资源共享

35. 请您为以下信息按需求的重要度排序（35 题—40 题为排序题，请在括号中标明序号即可）。
（1）农业新闻（　　）
（2）农产品市场（　　）
（3）政策法规（　　）
（4）招商引资（　　）
（5）气象环境（　　）
（6）实用技术（　　）
（7）就业市场（　　）
（8）农村金融（　　）
（9）致富经验（　　）
（10）科学教育（　　）
（11）文化娱乐（　　）

36. 您获取农业新技术及采用农业新技术的渠道按重要程度依次是？
（1）亲戚朋友（　　）
（2）政府推广（　　）
（3）村里的示范户（　　）
（4）报纸杂志电视广播等媒体（　　）
（5）出售者推荐和推销（　　）
（6）自己去乡农站咨询（　　）
（7）与外地科技部门联系（　　）

37. 请您为以下 9 类信息服务方式的重要度排序。
（1）经常在农民的手机上发布免费农业服务信息（　　）
（2）开通免费的农业类电话咨询服务系统（　　）
（3）定期发放免费的信息资料（　　）
（4）科技特派员的定点定向指导（　　）
（5）免费培训信息化应用技术（　　）

(6) 在公共场所定期发布信息通告（　　）
(7) 开展经常性的文化、科技、卫生"三下乡"活动（　　）
(8) 开展免费图书报刊借阅活动（　　）
(9) 随叫随到的"农业医生""出诊"服务（　　）

38. 请您为以下 10 类农村信息化应用的实际效果排序。
    (1) 网上农产品交易的推广普及（　　）
    (2) 远程教育培训的定期开展（　　）
    (3) 科技特派员跟踪服务（　　）
    (4) 电话及计算机网络农业技术咨询系统的普及应用（　　）
    (5) 有线电视或网络电视进村入户（　　）
    (6) 光盘影像资料的普及应用（　　）
    (7) 图书报刊文献就近借阅（　　）
    (8) 农业信息资料定期发放（　　）
    (9) 通过手机通告"三农"信息（　　）
    (10) 通过广播通告"三农"信息（　　）

39. 请您为新农村信息化基础工程建设的优先顺序排序。
    (1) 宽带网络（或无线上网）户户通（　　）
    (2) 有线电视户户通（　　）
    (3) 信息服务站点村村有（　　）
    (4) 文化室（或图书室、科技室）村村有（　　）
    (5) 远程教育网点村村有（　　）
    (6) 健全互联互通的涉农信息服务平台（　　）

40. 请您为以下对农村信息站兴旺发达具有影响作用的重要度排序。
    (1) 本村设施农业规模的大小（　　）
    (2) 本村村委会或党支部领导能力的强弱（　　）
    (3) 信息员对本职工作的主动性、积极性的大小（　　）
    (4) 各级政府对信息站扶持力度的大小（　　）
    (5) 农民对信息站工作支持力度的大小（　　）
    (6) 本村文化生活是否活跃（　　）

41. 您觉得通过网络推销农产品：
    □（1）想法相当不错
    □（2）缺乏可行性
    □（3）会考虑尝试
    □（4）不太清楚

42. 平时您的文化生活主要有哪些（可多选）？
    □（1）看电视
    □（2）看电影
    □（3）看戏（文艺演出）
    □（4）读书看报
    □（5）听广播

☐ (6) 上网
☐ (7) 打牌、打麻将、下棋
☐ (8) 唱歌、跳舞等文艺活动
☐ (9) 其他，请注明_____

43. 您更喜欢哪种文化活动（可多选）?
☐ (1) 自编自演、亲身参与的文艺活动
☐ (2) 政府组织的文艺演出下乡活动
☐ (3) 政府组织的送图书科普知识下乡活动
☐ (4) 政府组织的文化培训
☐ (5) 其他，请注明_____

44. 影响您获取知识与信息的因素有哪些（可多选）?
☐ (1) 没时间学习
☐ (2) 没兴趣学习
☐ (3) 缺乏自学能力
☐ (4) 不了解通过何种渠道获取知识和信息
☐ (5) 收入少，无消费能力
☐ (6) 家中无基础信息设备（如收音机、电视、电脑）
☐ (7) 家中和单位没有网络覆盖
☐ (8) 不愿意交网费
☐ (9) 不会使用电脑
☐ (10) 不会使用手机
☐ (11) 其他原因，请注明_____

45. 对大众媒体的分布认知（可多选）

A. 您所在的乡或村能上网吗?
☐ (1) 能
☐ (2) 不能

B. 如果您所在的乡或村建立了信息服务站，免费上网您会去吗?
☐ (1) 去
☐ (2) 不去

C. 您所在的乡或村有公共图书馆吗?
☐ (1) 有
☐ (2) 没有

D. 您所在的乡或村有书店吗?
☐ (1) 有
☐ (2) 没有

46. 您希望在获取知识与信息方面为您提供哪些帮助（可多选）?
☐ (1) 政府组织文化信息培训
☐ (2) 建立公共图书室
☐ (3) 建立公共免费上网室

47. 如果让您参加信息培训班您愿意去吗？
   □（1）愿意
   □（2）不愿意
   □（3）看实际需要

48. 您希望政府给予你们的支持方式是什么（可多选）？
   □（1）提供农业专家支持
   □（2）提供农业信息服务
   □（3）补贴农资和种子
   □（4）建立和健全农村信息化体系
   □（5）政府给予电视机补贴
   □（6）政府给予计算机、手机补贴
   □（7）订阅报纸补贴
   □（8）购书和杂志补贴
   □（9）粮食价格补贴
   □（10）医疗保障
   □（11）养老保障

三、问答题：
关于巩固和发展农村信息传播，统筹城乡发展，您有什么建议？

重庆市九龙坡区铜罐驿镇（第二次问卷调查）

1. 您个人的年收入是多少元？

（　）1,000　（　）1,200　（　）1,400　（　）1,600　（　）1,800
（　）2,000　（　）2,200　（　）2,400　（　）2,600　（　）2,800
（　）3,000　（　）3,200　（　）3,400　（　）3,600　（　）3,800
（　）4,000　（　）4,200　（　）4,400　（　）4,600　（　）4,800
（　）5,000　（　）5,200　（　）5,400　（　）5,600　（　）5,800
（　）6,000　（　）6,200　（　）6,400　（　）6,600　（　）6,800
（　）7,000　（　）7,200　（　）7,400　（　）7,600　（　）7,800
（　）8,000　（　）8,200　（　）8,400　（　）8,600　（　）8,800
（　）9,000　（　）9,500　（　）10,000　（　）10,000 以上

2. 您的个人年平均文化活动支出是多少元？（包括用于报纸、杂志、广播、电视、互联网的费用）

（　）100　（　）200　（　）300　（　）400　（　）500
（　）600　（　）700　（　）800　（　）900　（　）1,000
（　）1,100　（　）1,200　（　）1,300　（　）1,400　（　）1,500
（　）1,600　（　）1,700　（　）1,800　（　）1,900　（　）2,000
（　）2,100　（　）2,200　（　）2,300　（　）2,400　（　）2,500
（　）2,600　（　）2,700　（　）2,800　（　）2,900　（　）3,000
（　）3,100　（　）3,200　（　）3,300　（　）3,400　（　）3,500

( ) 3,600　　（　）3,700　　（　）3,800　　（　）3,900　　（　）4,000
( ) 4,100　　（　）4,200　　（　）4,500　　（　）5,000 及以上

3. 您上网的时间每年是多少天？（折合为天数）
　　（　）0　　　　（　）7　　　　（　）14　　　（　）21　　　（　）28
　　（　）35　　　（　）42　　　（　）49　　　（　）56　　　（　）63
　　（　）70　　　（　）77　　　（　）84　　　（　）91　　　（　）98
　　（　）105　　（　）112　　（　）119　　（　）126　　（　）133
　　（　）140　　（　）147　　（　）154　　（　）161　　（　）168
　　（　）175　　（　）182　　（　）189　　（　）196　　（　）203
　　（　）210　　（　）217　　（　）224　　（　）231　　（　）238
　　（　）245　　（　）252　　（　）259　　（　）266　　（　）273
　　（　）280　　（　）287　　（　）294　　（　）365（即一年）

4. 您每年外出打工的时间是多少天？（折合为天数）
　　（　）0　　　　（　）7　　　　（　）14　　　（　）21　　　（　）28
　　（　）35　　　（　）42　　　（　）49　　　（　）56　　　（　）63
　　（　）70　　　（　）77　　　（　）84　　　（　）91　　　（　）98
　　（　）105　　（　）112　　（　）119　　（　）126　　（　）133
　　（　）140　　（　）147　　（　）154　　（　）161　　（　）168
　　（　）175　　（　）182　　（　）189　　（　）196　　（　）203
　　（　）210　　（　）217　　（　）224　　（　）231　　（　）238
　　（　）245　　（　）252　　（　）259　　（　）266　　（　）273
　　（　）280　　（　）287　　（　）294　　（　）365（即一年）

5. 您的文化程度是以下哪一类？
　　（　）小学
　　（　）初中
　　（　）高中
　　（　）大学及以上
　　（　）中专
　　（　）高职

图书在版编目（CIP）数据

大众传媒对城乡统筹发展的作用研究/廖宇翃著．
—北京：中国传媒大学出版社，2016.8
（新闻传播学丛书/李珮主编）
ISBN 978-7-5657-1646-1

Ⅰ.①大…
Ⅱ.①廖…
Ⅲ.①大众传播—传播媒介—研究—中国 ②城乡建设—研究—中国
Ⅳ.①G206.2 ②F299.2

中国版本图书馆 CIP 数据核字（2016）第 047730 号

新闻传播学丛书

大众传媒对城乡统筹发展的作用研究

DAZHONG CHUANMEI DUI CHENGXIANG TONGCHOU FAZHAN DE ZUOYONG YANJIU

著　　　者	廖宇翃
责 任 编 辑	姜颖昳　司马兰
策 划 编 辑	姜颖昳　司马兰
装 帧 设 计	拓美设计
排　　　版	楠竹文化
责 任 印 制	曹　辉

出版发行	中国传媒大学出版社		
社　　址	北京市朝阳区定福庄东街1号	邮编：	100024
电　　话	86-10-64450532 或 65450528	传真：	010-65779405
网　　址	http://www.cucp.com.cn		
经　　销	全国新华书店		
印　　刷	北京中科印刷有限公司		
开　　本	787mm×1092mm　　1/16		
成　　品	185mm×260mm		
印　　张	8.75		
印　　次	2016年8月第1版　2016年8月第1次印刷		
书　　号	ISBN 978-7-5657-1646-1/F·1646		
定　　价	42.00元		

版权所有　　翻印必究　　印装错误　　负责调换